L'Économie scientifique

Au secours de l'emploi

Lamine KEITA

L'Économie scientifique

Au secours de l'emploi

L'Harmattan

5-7, rue de l'Ecole-Polytechnique, 75005 Paris

http://www.harmattan.fr
diffusion.harmattan@wanadoo.fr

ISBN : 978-2-343-09404-5
EAN : 9782343094045

À mes enfants et à tous ceux de leurs âges qui méritent que nous leur laissions un monde en bien meilleur état.

AVERTISSEMENT

Le présent ouvrage est issu de la fusion des deux précédents livres de l'auteur : « La Théorie Economique du XXIème siècle – Le Concept de mesure en Economie » et « Le Fondement de la dynamique de la croissance en Economie » qui ont été publiés chez L'Harmattan, respectivement en 2002 et 2003.

Dans la continuité d'une recherche tendant à faire de l'économie une science à part entière, le présent ouvrage reste fidèle à la démarche spécifique initiée par l'auteur dans l'analyse des faits économiques.

C'est ainsi qu'il a privilégié de retenir, dans cet ouvrage, les seuls aspects nécessaires et suffisants pour définir le cadre conceptuel de L'Economie Scientifique afin de proposer en même temps des instruments opérationnels d'application de politiques publiques novatrices ainsi que les mesures des résultats et impacts attendus de ces mesures.

Procédant d'une analyse de l'état des lieux des divergences entre les économistes, l'auteur fait constater qu'aucun des cinq mots, ci-après et couramment utilisés en économie et dans la littérature en générale, à savoir : la définition de la Science économique et de son objet propre, la valeur, la monnaie, l'étalon et le prix n'est l'objet d'une définition consensuelle. De plus, ces mots, dans leur usage courant, apparaissent comme des sujets conflictuels entre les économistes.

Cependant, l'auteur fait remarquer que chacun de ces mots peut non seulement être clairement défini et en plus, lorsqu'ils sont considérés ensemble, ils apparaissent comme des concepts nécessaires et suffisants pour constituer le fondement cohérent d'une nouvelle discipline scientifique à part entière et que nous avons pris le soin de désigner sous l'appellation de L'Economie Scientifique.

Cette discipline, dont l'existence sera théoriquement établie, fera l'objet d'une comparaison avec les autres disciplines scientifiques. L'auteur identifiera ce qui en constitue le caractère spécifique et proposera en même temps une démarche méthodologique efficace et adéquate qu'elle devra nécessairement adopter.

De plus, elle partagera, avec les autres disciplines, l'avantage de pouvoir disposer d'un instrument de mesure qu'elle aura ici conçu et réalisé tout en l'exhibant comme preuve de sa maturité en tant que Science et preuve du niveau élevé de son développement technique et opérationnel.

C'est ainsi que sur le plan méthodologique, le présent travail est inspiré, comme les précédents, de l'esprit scientifique moderne, fait de réalisme et de rationalisme[1] et qui veut que, lorsqu'une méthode pédagogique commence par expérimenter, elle doit ensuite permettre de raisonner ; et si on y commence par réfléchir, il faut ensuite expérimenter, appliquer : d'où l'importance accordée à la théorie et à la pratique ainsi qu'à leur interaction complémentaire.

Cette méthode, fondée sur des preuves logiques, est une garantie contre les types de critiques formulés par les économistes adoptant la méthode empiriste et qui, pour réclamer la vérité pour les propos qu'ils annoncent, ont tendance à *« présenter des opinions et préjugés propres tout en les faisant passer pour une vérité universelle, ou à faire couramment des partis pris en cachant, plus souvent qu'ils n'assument, des choix idéologiques et dogmatiques en s'épuisant à discréditer toute pensée autre »*[2].

Au contraire des querelles et attaques personnelles habituelles que se livrent des économistes, l'auteur, par la présente approche, trouve dans les insuffisances identifiées chez les devanciers une source d'enrichissement de ses analyses propres.

En effet, l'auteur a plutôt cherché à capitaliser les analyses éclairées produites par les devanciers et qui sont restées pertinentes au regard des concepts et instruments de mesure ici élaborés. C'est ainsi qu'il a considéré ces analyses comme faisant partie des acquis scientifiques de la discipline de l'Economie scientifique. Sans doute, n'avait-t-il pas fallu à Rome plusieurs jours pour se faire ?

---

[1] Voir Gaston BACHELARD, *« le Nouvel esprit scientifique »*, PUF, 1978

[2] Voir « Critique de l'économie politique du développement et de la croissance –Théories, idéologies et politiques », paru en 2016 aux éditions BREAL, Alain MOUNIER, page 12.

C'est pourquoi, l'Economie Scientifique, telle que nous la concevons, s'enrichira des erreurs de l'économie empirique et, comme dans l'histoire des autres sciences, identifiera les erreurs passées afin de les corriger, et ce faisant, marquera des progrès importants.

Par conséquent, nos devanciers, dans tous les cas de figure, seront traités au cours des présents travaux avec le maximum de respect et de considération possibles.

Au demeurant, s'ils ont pu commettre des erreurs, nous estimons que les auteurs de ces erreurs croyaient certainement bien faire. Que peut-on donc leur reprocher, si de plus, ces erreurs nous auront encore permis de progresser ?

Si nous admettons que l'histoire peut nous enseigner, nous devons apprendre à identifier les causes des erreurs qui ont pu y être commises afin d'éviter la reproduction des erreurs de même type dans d'autres circonstances historiques réelles. Ainsi, nous aurons la chance de nous enrichir de nos insuffisances passées et mêmes futures.

C'est ainsi que l'examen minutieux des situations historiques tirées du Moyen Age français et de l'histoire économique récente du Mali aura permis d'identifier deux exemples pratiqués dans l'histoire lointaine et dans celle contemporaine. Ce faisant, ces situations historiques, de par leur vertu pédagogique extrêmement forte, auront occupé une place privilégiée dans l'édification présente des concepts fondateurs de l'Economie Scientifique ainsi que dans la mise en place d'instruments novateurs de politique publique non moins novatrice.

C'est à ce titre que, pour comprendre les différents impacts de la manipulation des instruments monétaires conduite par le Roi dans cette économie du Moyen Age en France, nous avons examiné le mécanisme de la confiscation des ressources qui étaient prélevées sur la population.

Dans la même démarche, plus proche de nous, nous avons examiné des cas de manipulations d'instruments monétaires que le Mali a connus sur une période de plus de vingt ans, de 1974 à 1995.

A chaque fois, les travaux ont permis d'identifier les différentes conséquences réelles ou potentielles résultant de ces mesures et d'en rechercher les causes.

Par la suite, dans le cadre de l'Economie Scientifique, des propositions d'amélioration des pratiques observées ont été formulées afin de corriger les insuffisances identifiées ou de tirer des leçons d'autres sujets qui n'étaient pas nécessairement les plus attendus de ces pratiques.

C'est ainsi que l'idée d'une politique de création massive d'emplois assortie de la soutenabilité accrue de la situation des charges qui pèsent sur l'économie a fait son apparition en tant que politique novatrice dans le cadre de l'Economie Scientifique.

En effet, cette politique permet de corriger les inconvénients révélés dans les deux expériences historiques citées ci-dessus, tout en constituant une solution adaptée à la résolution de deux des plus grandes préoccupations actuelles du monde, notamment le chômage de masse et le surendettement aussi bien des Etats que des individus sans compter le désespoir causé par l'absence de vision pour une sortie de crise.

Pour fixer les idées, cette politique, tirant son origine de l'examen structuré des pratiques du Moyen Age, peut être conduite moyennant quelques présupposés non exhaustifs qui sont les suivants :

- le mécanisme de prélèvement des ressources par le biais des manipulations d'instruments monétaires est maîtrisé comme instrument de politique au Moyen Age ;

- dans une économie de liberté, comme celle prônée dans l'Economie Scientifique, contrairement à l'économie du Moyen Age, les ressources sont prélevées non pas par le Roi mais sur autorisation de la représentation nationale ;

- les ressources sont prélevées non pas pour le Roi mais pour l'économie, c'est-à-dire la population et c'est pourquoi l'Economie scientifique s'intéresse, non pas à la mesure de confiscation des ressources que le Roi effectuait et qui ne saurait être présentée comme une mesure de politique publique dans un espace de liberté, mais à une répartition des charges qui pèsent dangereusement sur l'économie en rémunérant des agents économiques qui étaient au chômage afin de les faire travailler dans des emplois pérennes bien rémunérés.

A l'analyse, cette politique novatrice présente simultanément plusieurs vertus dans le cadre de cette Economie Scientifique, à savoir, entre autres : des vertus d'efficacité, de simplicité de sa mise en œuvre, d'impact massif, immédiat et mesurable sur l'emploi et le gain de la compétitivité globale de l'économie ; une compétitivité qui va se trouver rétablie et durablement renforcée, etc.

De plus, cette politique vertueuse qui ne demande pas de ressources nouvelles à mobiliser ne comporte non plus aucun coût en dehors de celui lié à l'élaboration et à l'adoption d'un texte administratif et législatif dans un bon délai.

Pour comprendre cette idée dans toute son importance, il est incontournable d'avoir une connaissance approfondie des propriétés des instruments monétaires dans toutes leurs dimensions réelle et fictive en tant que numéraire, unité de compte ou de décompte.

Un exemple d'application de cette politique vertueuse à l'économie française et aux 19 pays membres de l'Euro est fourni dans les présents travaux à titre de réflexion sur les apports possibles de l'Economie Scientifique.

De plus, faut-il le préciser, le choix du cadre d'application ne vient-il pas à point nommé, ne serait-ce que par reconnaissance de l'auteur pour cette Europe.

En effet, c'est bien cette Europe, qui par deux fois, lui aura accordé une bourse sur le Fonds Européen de Développement (FED) pour étudier l'économie et la statistique à l'ENSAE-CESD-Paris en 1973 et 1982 et qui, ce jour se trouve au chevet de son pays, le Mali, pour le soustraire d'une invasion aussi sauvage que criminelle et qui n'est qu'une des conséquences inavouées de ces erreurs de politique dont personne ne maîtrise les effets collatéraux.

Que puissent, les présents travaux servir, au-delà de l'Europe, le monde entier, ce village planétaire dont le Mali est vite devenu un quartier historiquement visible, et également, s'il plaît à Dieu, un lieu de solution pour les grands problèmes du monde au-delà des questions de sécurité.

Pour résumer la possibilité de conduire une telle politique publique, nous dirons que l'Economie Scientifique a pour but de renforcer dans la collectivité la valeur des biens et services qu'elle fait protéger par la loi tout en supportant les charges qui pèsent sur le déroulement des activités économiques.

Dans l'économie contemporaine, lorsque les charges deviennent menaçantes pour le fonctionnement équilibré et performant du dispositif économique et social, l'Economie Scientifique est capable, à travers la loi et au moyen d'instruments novateurs de gestion, de ramener ces charges au niveau compatible avec le développement harmonieux de la société.

La dynamique dans cette économie apparaît comme la résultante de deux valeurs agissant dans deux directions opposées, l'une positive qui pousse l'économie vers l'avant, et l'autre, négative, nécessaire pour produire le mouvement vers l'avant mais qui peut atteindre un niveau tel, qu'elle gêne considérablement le mouvement vers l'avant qu'elle peut menacer d'interruption.

A la loi protégeant la société, l'Economie Scientifique fait recourt pour corriger les dysfonctionnements au moyen de dispositifs et d'instruments, un peu à l'image du chirurgien qui opère en douceur un corps humain plein d'embonpoint et en surcharge de graisse qu'il sait extirper du malade. En effet, l'Economie Scientifique sait identifier et récupérer l'excès de valeur négative pour la rendre positive en rémunérant des agents qui étaient au chômage afin de les mettre au travail, leur permettant ainsi d'apporter à l'économie leur contribution à l'accroissement des valeurs positives.

Autant, le chirurgien, par le dégraissage du corps malade, renforce le dynamisme de l'individu et rétablit l'énergie motrice dans un corps tout rajeuni et désormais plein d'une santé retrouvée. Autant, l'Economie Scientifique, en réduisant les valeurs négatives secrétées par le système et en les redistribuant à titre de rémunération à des travailleurs qui étaient au chômage, renforce automatiquement les valeurs positives de l'économie. En plus, l'apport de ces nouveaux travailleurs intégrés dans le monde du travail stimule encore davantage la production de valeurs positives.

Le corps économique et social retrouve une nouvelle dynamique, tout en étant devenu plus actif et désormais plus porté vers l'avant, tout comme le corps malade qui retrouve une nouvelle santé après l'opération chirurgicale bien réussie. Afin d'imaginer un peu mieux l'importance de cette politique novatrice, il suffit de supposer que le nombre de ces personnes supplémentaires appelées à reprendre le travail, immédiatement, sans coût ni ressources nouvelles, peut atteindre par exemple les dix pour cent d'une population en activité, ce qui représente dans un pays comme la France ou comme les 19 pays membres de l'Euro quelques millions de chômeurs en moins.

Il semblerait bien concevable qu'à cette étape de la présentation des travaux, une telle idée ne puisse avoir facilement de place dans l'imaginaire de la plupart des gens, tant, comme l'écrit si bien KEYNES[3], est grande la difficulté *« d'échapper aux idées anciennes qui ont poussé leurs ramifications dans les recoins de l'esprit des personnes ayant reçu la même formation que la plupart d'entre nous. »*

Cependant, une telle résistance de première et dernière heures ne diminue en rien la valeur de la proposition, car c'est la vérité qui peut subjuguer l'erreur et même plus tôt qu'on ne l'imagine souvent, mais pas le contraire.

Pour découvrir une telle économie, il suffit de continuer la présente lecture que vous venez d'engager afin de découvrir les pages écrites qui avaient manqué à l'édification de la démarche scientifique en économie.

Cette lecture ne nécessitera du lecteur aucune connaissance préalable pour tirer profit de son effort de compréhension, car L'Economie Scientifique concerne chaque individu. Si celle-ci est bien conforme à cet esprit, chacun des lecteurs devra comprendre les termes utilisés ainsi que les analyses effectuées.

Il ne s'agit pas d'une approche théorique, conçue entre des spécialistes pour expliquer au citoyen sa propre situation dans un langage qui lui est inaccessible, rendant ainsi nécessaire l'intervention d'autres spécialistes en communication.

---

[3] J.M. KEYNES, 1935, « Théorie Générale de l'emploi, de l'intérêt et de la monnaie », p.b.p., page 11, préface signée par J.M. KEYNES, 13/12/1935.

Il s'agit plutôt d'une approche qui place l'Humain au cœur de l'économie dans sa recherche permanente du mieux-être, une économie certainement meilleure que l'économie à visage humain qui était attendue depuis longtemps. Cette économie est au service de l'Homme, et est différente de cette *« économie sèche et sans âme du développement et de la croissance*[4] ».

Quelques aspects mathématiques sont utilisés pour la beauté de la démarche démonstrative, mais leur omission ne gêne en rien la compréhension de la substance du sujet.

En effet, ces outils mathématiques ont été empruntés comme un instrument d'aide à la recherche de la précision dans une démarche réelle suivie librement par le citoyen en quête d'un mieux-être.

Une fois la précision obtenue et l'analyse conduite à sa fin, les outils peuvent être oubliés.

[4] Alain MOUNIER : « Critique de l'économie politique du développement et de la croissance –Théories, idéologies et politiques », paru en 2016 aux éditions BREAL, page 13

INTRODUCTION

L'objet du présent livre porte sur la mise en place opérationnelle de l'Economie Scientifique, une nouvelle discipline scientifique.

L'Economie Scientifique repose sur une méthodologie spécifique tout en partageant les apports pertinents venant des autres sciences.

Elle s'inspire des insuffisances constatées dans les analyses à caractère économique, notamment des insuffisances majeures et de leurs causes, afin de proposer des politiques mieux ciblées, capables d'apporter des corrections nécessaires à ces dysfonctionnements et de proposer des formulations de politiques publiques plus complètes et plus exactes. Elle s'inspire également de l'avancement technique des autres disciplines scientifiques.

Au plan de la méthodologie, aucune méthode de traitement des données ne sera ni écartée ni privilégiée.

En effet, en ce qui concerne les faits historiques qui sont sensés se dérouler une seule fois, en se suivant de façon linéaire sans jamais revenir à l'identique, la méthode de traitement par l'abstraction, puis par la conceptualisation à travers un raisonnement déductif sera utilisée.

En revanche, pour assurer l'analyse des faits historiques portant sur des données quantitatives et sommables, la méthode inductive, alors plus pertinente, sera utilisée.

Cependant, faudrait-il au préalable savoir identifier ce que représentent les mesures exactes de ces quantités étant donné que, dans le cadre d'une analyse scientifique, celles-ci ne sauraient être ni naïves, ni empiriques ou ni données par la nature.

Enfin, lorsqu'un système de concepts et de relations aura été mis en cohérence dans un modèle théorique et abstrait, nous procéderons à la confrontation du modèle ainsi conçu avec la réalité empirique.

Dans la première partie, nous allons chercher à savoir pourquoi il faudrait mettre en place l'Economie Scientifique, puis nous verrons comment procéder à cet effet.

Pour ce faire, nous allons d'abord passer en revue l'état des lieux des constats d'insuffisances dans la définition de cinq mots d'usage courant en économie et dans la littérature et qui se présentent comme suit :

1. la définition de la Science économique et de son objet propre ;
2. la valeur ;
3. la monnaie / le numéraire ;
4. l'étalon ;
5. le prix.

Nous recenserons les connaissances communes enregistrées sur ces concepts à travers les sources disponibles dans la presse, sur Internet et dans la littérature. Les données relatives à chaque mot seront collectées, analysées et des constatations seront formulées et une conclusion sera tirée.

Nous prouverons à la suite des analyses que les quatre derniers mots de la liste précédente, bien définis, constituent des concepts nécessaires, complémentaires et liés, qui de plus sont suffisants pour définir la discipline scientifique autonome dotée de son objet propre ; un objet qui est indiqué en première position sur la liste.

Ensuite, il faut noter que l'objet de cette discipline est doté d'une caractéristique mesurable. Cette caractéristique est, quant à elle, indiquée à la deuxième position et correspond au mot valeur.

Cette valeur est mesurable au moyen d'un instrument de mesure. Cet instrument est indiqué en troisième position sur la liste par le mot monnaie (dans son rôle de numéraire, d'intermédiaire dans les échanges).

Cette valeur et ce numéraire sont exprimés comme quantité d'étalon, l'étalon représentant la définition de l'unité de valeur.

Cette valeur, mesurée au moyen de la monnaie (dans son rôle de numéraire), correspond au prix, c'est-à-dire la quantité de la valeur du numéraire contenue dans la valeur de l'objet échangé. Ce prix est le résultat de la mesure de la valeur effectuée au moyen du numéraire.

Il apparaît alors clairement, et comme par la suite cela sera bien établi, que les cinq mots bien définis sont les concepts fondateurs d'une discipline, celle que nous dénommons L'Economie Scientifique.

Par la suite, ces mots seront progressivement identifiés et définis sur un plan conceptuel.

Dans la deuxième partie, il s'agit d'observer une collectivité humaine dotée de son organisation propre et procédant en son sein à des échanges et transactions diverses, libres et volontaires.

La phase d'observation donnera lieu à la classification des produits et services échangés en deux grandes catégories.

Les éléments de la première catégorie sont recherchés principalement en vue de permettre d'obtenir le droit de se procurer les éléments de la seconde qui sont des biens et services demandés pour eux-mêmes en vue de satisfaire un besoin direct de l'acquéreur. Les éléments de chaque groupe feront l'objet d'une description de leurs propriétés caractéristiques.

La description des constituants du premier groupe permettra de mettre en lumière les concepts de la théorie de la mesure en économie et de corriger l'approche classique en termes de quantités empiriques dans le domaine économique.

Elle permettra d'établir les concepts fondateurs de la discipline de l'Economie Scientifique et les instruments novateurs en matière de politiques publiques. Cette partie est théorique et constitue le fondement de l'ensemble de l'ouvrage.

Les différentes configurations théoriques des systèmes monétaires internationaux ne seront pas reprises ici[5].

Dans la troisième partie, il s'agira d'expliquer la dynamique de l'activité économique qui a conduit à la production des biens et services librement échangés en vue de la satisfaction des besoins des coéchangistes.

---

[5] Les différentes configurations théoriques des systèmes monétaires ne sont pas traitées ici. Le lecteur intéressé peut consulter l'ouvrage de l'auteur intitulé : « La théorie Economique du XXI ème siècle – Le Concept de mesure en Economie », L'Harmattan, 2002, pages 92-112.

Elle permettra d'examiner les controverses entre Pietro VERRY et Jean Baptiste SAY et d'analyser des activités retraçant les comportements des acteurs économiques à travers deux grandes attitudes : une première attitude d'acheteur doublée de celle de vendeur, et inversement, la seconde, celle de vendeur doublée de celle d'acheteur.

Nous savons également que ces acteurs vivent ensemble dans un environnement qui garantit leur liberté de mouvement dans le respect de leurs intérêts réciproques. Donc, nous admettons que ces acteurs économiques sont guidés par la défense de cet environnement sans lequel leurs intérêts individuels et même collectifs seraient menacés.

Lorsque les acteurs économiques envisagent d'acquérir à titre personnel ou privé des biens pour la satisfaction de leurs besoins de consommation finale, ou encore de production (consommations intermédiaires), ils cherchent à acquérir ces biens au meilleur prix en adoptant un comportement de minimisation des dépenses.

En revanche, lorsqu'ils se décident à vendre des biens, ils choisissent de les vendre en s'offrant le maximum de valeur. Ils effectuent à ce titre un choix des meilleures combinaisons d'offres les plus avantageuses en termes lucratifs.

Ici, le critère utilisé demeure la valeur au cours des échanges, critère mesurable au moyen du numéraire, l'instrument de mesure. Par ce choix du critère, le comportement individuel est sommable au plan d'ensemble, d'où la possibilité de dégager un comportement moyen de la collectivité dans son ensemble.

Nous distinguerons dans l'économie plusieurs types de biens, dont principalement deux d'entre eux retiendront notre attention.

Les biens du premier type sont soumis aux influences de l'offre et de la demande sur le marché libre et dont les prix sont ajustables librement.

En revanche, pour les biens du second type, qui concernent les contrats, les montants indiqués ne sont pas susceptibles de liberté de mouvement.

Cette différence de mouvement entre les deux types de prix sera exploitée par l'Economie Scientifique pour assurer au marché de l'emploi et aux charges qui pèsent sur l'activité économique une forme de flexibilité parfaite dans le cadre des politiques publiques que l'Economie Scientifique mettra en place.

Les conditions de l'équilibre au plan général de cette économie sont examinées et les principales lois qui guident ces conditions seront identifiées et leur importance analysée.

Des questions essentielles sur l'origine ou la source de la richesse seront réexaminées et des propositions seront formulées pour que la dynamique qui permet de générer cette richesse marchande soit rétablie au besoin, puis entretenue et amplifiée pour assurer la satisfaction du plus grand nombre de personnes.

La conclusion générale recense les apports de l'étude et résume ce qui en constitue les avancées théoriques ou pratiques essentielles.

PREMIÈRE PARTIE

L'ÉCONOMIE SCIENTIFIQUE : POURQUOI ET COMMENT ?

I. DES CONCEPTS SIMPLES, OBJETS DE VIVES POLÉMIQUES ENTRE ÉCONOMISTES

L'objectif du présent chapitre est de présenter dans leur diversité les avis, opinions et analyses exprimés dans la littérature économique relativement à cinq termes d'usage très courant et qui sont la valeur, le prix, l'objet et la définition de la science économique, l'étalon et la monnaie.

Les cinq termes seront analysés successivement à travers les informations disponibles dans la presse courante ou spécialisée, sur Internet, chez WIKIPEDIA ou dans les ouvrages les plus connus.

I.1 Du terme prix dans la littérature

1.1.1. Etat des lieux des avis et opinions exprimés

La revue des analyses et avis formulés sur le prix donne les résultats suivants en termes de définitions, de nature et autres suggestions formulées sur le prix.

Le prix, exprimé en un montant de référence (en général monétaire), est la traduction de la compensation qu'un opérateur est disposé à remettre à un autre en contrepartie de la cession d'un bien ou d'un service.

Le prix mesure la valeur vénale d'une transaction et en constitue l'un des éléments essentiels.

Le mécanisme de formation des prix est un des concepts centraux de la microéconomie, spécialement dans le cadre de l'analyse de l'économie de marché, où les prix jouent un rôle primordial dans la recherche et la définition d'un prix dit « d'équilibre » (alors qu'ils jouent un rôle mineur dans une économie administrée).

Les niveaux de prix possibles sont en nombre potentiellement infinis, selon les acteurs économiques, selon leurs estimations de la valeur de la chose pour eux-mêmes et pour les autres (spéculation).

Si une transaction se réalise effectivement, le prix traduit le compromis entre les estimations de l'acheteur et celles du vendeur (reflet de l'offre et la demande).

L'importance du système de prix libres a été mise en avant et débattue en particulier dans les années 1920-1930.

Une vive controverse sur la question du calcul économique oppose les économistes de l'école autrichienne, Ludwig VON MISES puis, ultérieurement Friedrich HAYEK, aux tenants du socialisme de marché, Oskar LANGE au premier chef.

Pour Ludwig VON MISES, le système de prix libres est le seul moyen de coordination des actions de millions d'individus qui composent l'économie d'un pays.

Friedrich HAYEK relaie cette idée et insiste pour sa part sur le rôle des prix comme vecteur de transmission de l'information disponible aux individus.

Pour certains spécialistes, dont Christian SCHMIDT *« l'économique est habité par des quantités et des prix, et qu'il se prête d'emblée par conséquent au dénombrement sauvage et à la quantification naïve »,* Christian SCHMIDT, «La sémantique Economique en question » Calmann Lévy, 1985, p. 11.

1.1.2. Analyse des avis et opinions exprimés

En conclusion partielle, il ressort que malgré son apparente simplicité, la définition du prix manque dans ces présentations.

En effet, l'accent est mis sur les types de prix, le mécanisme de leur formation, leurs utilisations diverses et les controverses qui animent les points de vue des spécialistes dont certains voient dans les prix des quantités naïves données par la nature.

La science peut-elle se satisfaire de ces quantités naïves pour espérer conduire de sérieuses analyses ?

I.2 Du terme de monnaie dans la littérature

1.2.1 Etat des lieux des avis et opinions exprimés

Selon la même démarche, la revue des analyses et avis communément formulés sur la monnaie donne les résultats suivants en termes de définitions, de nature et autres suggestions formulées.

L'origine de la monnaie a été clairement située dans le temps et dans l'espace par la recherche historique moderne.

Selon le consensus scientifique en vigueur, les premières pièces de monnaies auraient été frappées aux alentours du VIIe siècle av. J.C. dans le royaume de Lydie et plusieurs cités indépendantes d'Asie Mineure.

Autant la question de la date a été à-peu-près résolue, autant celle du lieu se pose toujours. Les divers signes figurant sur des pièces ont permis d'étayer diverses hypothèses sur leur provenance.

On dispose d'un certain nombre d'indices sur le comment de la monnaie. Par contraste, le pourquoi, reste ouvert à plusieurs conjectures. Il n'existe en effet aucune source d'époque décrivant les motivations des premiers monnayeurs. Les premières descriptions historiques du monnayage Lydien lui sont postérieures d'au moins un siècle.

En l'absence de supports textuels, plusieurs théories, plus ou moins distinctes, continuent de s'opposer, reflétant parfois les présupposés de telle ou telle école de pensée économique ou historiographique.

Depuis deux ou trois décennies, l'une d'entre elles tend néanmoins à s'imposer : la théorie du profit fiscal, étayée par le décalage significatif entre la valeur nominale et la valeur métallique des premières pièces.

La monnaie est définie par ARISTOTE par trois fonctions : unité de compte, réserve de valeur et intermédiaire des échanges.

Avec, entre autres, la suppression de toute référence à des matières précieuses puis la dématérialisation progressive des supports monétaires, les aspects légaux de l'usage de la monnaie — et notamment les droits juridiques qui sont attachés au cours légal et au pouvoir libératoire —, sont plus apparents.

Ces droits sont fixés par l'État et font de la monnaie une institution constitutionnelle.

La monnaie est l'instrument de paiement en vigueur en un lieu et à une époque donnée :

- du fait de la loi : on parle de cours légal ;

- du fait des usages : les agents économiques l'acceptent en règlement d'un achat, d'une prestation ou d'une dette.

La monnaie est censée remplir trois fonctions principales :

- intermédiaire dans les échanges : la capacité de faciliter les échanges en s'acquittant de ses dettes et obligations, notamment fiscales, constitue le « pouvoir libératoire » de la monnaie ;

- réserve de valeur ;

- unité de compte pour le calcul économique ou la comptabilité.

Une monnaie se caractérise par la confiance qu'ont ses utilisateurs dans la persistance de sa valeur et de sa capacité à servir de moyen d'échange.

Elle a donc des dimensions sociales, politiques, psychologiques, juridiques et économiques. En période de troubles, de perte de confiance, une monnaie de nécessité peut apparaître.

La monnaie a pris au cours de l'histoire les formes les plus diverses : bœuf, sel, nacre, ambre, métal, papier, etc.

Après une très longue période où l'or et l'argent (et divers métaux) en ont été les supports privilégiés, la monnaie est aujourd'hui principalement dématérialisée : les espèces ne constituent plus qu'une petite partie de la masse monétaire.

La monnaie est une unité de compte, un moyen standardisé d'expression de la valeur des flux et des stocks.

On parle de calcul économique quand cette évaluation est faite a priori et de comptabilité quand elle est faite a posteriori. Il existe des unités de compte qui ne sont pas de la monnaie.

Pour William Stanley JEVONS (1835-1882), *« la monnaie apparaît comme représentant pour la science économique ce qu'est la quadrature du cercle en géométrie ou le mouvement perpétuel en mécanique*[6]. »

1.2.2 Analyse des avis et opinions exprimés

Tout comme pour le cas du prix, la connaissance de la monnaie reste communément complexe, et sa définition manque à la littérature.

La monnaie ne saurait être définie entièrement par les utilisations qui en sont faites ni par des fonctions, dont certaines peuvent être mieux remplies par d'autres choses que la monnaie, ni encore moins par les formes physiques sous lesquelles elle a été représentée.

I.3 Du terme définition de la science économique et son objet dans la littérature

1.3.1. Etat des lieux des avis et opinions exprimés

La revue des analyses et avis formulés, notamment dans l'encyclopédie libre, le WIKIPEDIA, et autres sources, sur la définition de la science économique et son objet donne les résultats suivants en termes de définitions, de nature et autres suggestions formulées.

Pour l'économiste français, Edmond MALINVAUD, « *L'économie est la science qui étudie comment les ressources rares sont employées pour la satisfaction des besoins des hommes vivant en société ; elle s'intéresse, d'une part, aux opérations essentielles que sont la production, la distribution et la consommation des biens, d'autre part aux institutions et aux activités ayant pour objet de faciliter ces opérations.* »

Pour Jean Baptiste SAY, « *L'économie est la science qui enseigne comment se forment, se distribuent et se consomment les richesses qui satisfont aux besoins des sociétés.* » (Traité d'économie politique, 1803).

Au lieu de la science économique, certains auteurs parlent de sciences économiques comme faisant partie des sciences

---

[6] Cité dans BASSONI Marc and BEITONE Alain, *Monnaie- Théories et Politiques*, Sirey, 1994, page 5.

humaines et sociales qui étudient l'allocation des ressources rares à des fins alternatives.

Autrement dit, selon l'économiste et homme politique français Raymond BARRE, *« La science économique est la science de l'administration des ressources rares.*

Elle étudie les formes que prend le comportement humain dans l'aménagement de ces ressources ; elle analyse et explique les modalités selon lesquelles un individu ou une société affecte des moyens limités à la satisfaction de besoins nombreux et illimités. » (Économie politique, Paris, PUF, 1959).

En réalité, il n'existe pas une seule définition de l'économie, mais plusieurs définitions, chaque définition renvoyant à des réalités sous-jacentes différentes.

En effet, la science économique est perçue comme pouvant s'appliquer à de nombreux domaines (économie financière, internationale, politique, industrielle, du travail et des ressources humaines, publique, de la santé, de l'environnement, de l'éducation, etc.) être appliquée de différentes manières (méthode économétrique, microéconomique, macroéconomique, etc.) et rechercher des objectifs différents (efficience, égalité, etc.).

Karl POLANYI distinguait par exemple deux sens du terme économique : le sens substantif (l'économie est une science empirique qui étudie des procès institutionnalisés) et le sens formel (l'économie est une science déductive qui étudie l'action rationnelle) ; ce dernier sens se rapproche beaucoup de la conception qu'en avait Ludwig VON MISES.

Certains autres auteurs, dans une démarche dite « approche définitionnelle », distinguent la microéconomie et la macroéconomie.

Ces auteurs définissent la microéconomie comme la partie de l'économie qui étudie le comportement individuel des agents économiques ; elle traite des questions telles que la richesse et donc le profit, l'énergie nécessaire pour une industrie, la pauvreté, etc. Par ailleurs, un agent économique désigne toute personne morale ou physique qui participe à une activité de consommation, de production ou d'épargne.

Dans l'approche macroéconomique des auteurs définissent la macroéconomie comme l'étude de l'économie envisagée dans sa globalité, sous forme d'agrégats. Elle étudie les choix des individus (tous et non un seul), des entreprises et des gouvernements sur l'économie nationale et mondiale.

1.3.2. Analyse des avis et opinions exprimés

Encore une fois, ni l'objet de la discipline économique n'est connu, ni sa définition. De plus, aucun consensus ne semble se dégager entre les économistes sur la question.

C'est ainsi que les auteurs se sont engagés comme ils peuvent, dans une « approche dite définitionnelle » qui distingue la microéconomie et la microéconomie.

Une science ne saurait être définie par ses parties. Elle doit également savoir sur quoi elle porte principalement.

I.4 Du terme de valeur dans la littérature

1.4.1. Etat des lieux des avis et opinions exprimés

La formation de la valeur et la formation du prix sont considérées comme deux processus distincts ; seul le second relève de l'analyse économique.

En ce qui concerne la valeur, il existe plusieurs définitions selon le courant de pensée économique. Elles se rattachent à deux conceptions principales qui donnent au mot « valeur » des sens radicalement différents et impliquent deux conceptions différentes de la relation entre valeur et prix.

La conception subjective définit la valeur comme l'expression de l'intérêt qu'un agent particulier porte à un bien ou à un service et résulte d'un processus psychologique d'évaluation.

La conception objective pose que tout bien ou service ont une valeur indépendante de l'observateur qui résulte des conditions de sa production et qui peut être déterminée par un calcul économique à partir de ses conditions et coûts de production. Le prix est alors généralement considéré comme une mesure de cette valeur.

De grandes discussions sont ouvertes entre les courants de pensée sans perspectives de consensus.

Certains auteurs pensent que l'on peut enseigner l'économie sans jamais utiliser le mot valeur, pour d'autres au contraire il est possible de se défaire de ce concept alors que pour d'autres encore les débats sont engagés dans l'explication de ce qui constitue la valeur.

Dans le langage courant, et même dans les livres d'économie, « valeur » et « prix » sont employés l'un pour l'autre.

Cependant, SMITH, RICARDO et MARX distinguent valeur d'usage et valeur d'échange. Cependant, certains auteurs affirment que seule la valeur d'échange a un prix.

En revanche, la valeur d'usage n'est pas susceptible d'être mesurée. Elle s'interprète subjectivement, mais elle ne peut être quantifiée par un prix.

Pour l'économiste WALRAS, il est même impossible de connaître la valeur puisqu'il écrit : « *Nous ne sommes nullement dans la position du physicien qui a dans le même moment, dans le gramme, dans la seconde, des unités de longueur, de poids, de durée; nous sommes plutôt dans celle de l'astronome qui ne sait rien des mouvements absolus des corps célestes, et qui ne connaît que leurs mouvements relatifs: nous ne connaîtrons, nous aussi, que des valeurs relatives ».* Léon WALRAS, « Eléments d'Economie politique pure, Tome VIII », Economica, p. 555.

Cependant, pour Auguste WALRAS, le père de Léon WALRAS, il est essentiel de connaître la valeur des objets, car écrit-il : *« Pour raisonner sur la richesse, il est important de connaître ce qu'elle est, et ce qui en constitue l'exacte expression ».* A. WALRAS, « Richesse, Liberté et Société », Tome I, Economica, p. 61.

1.4.2. Analyse des avis et opinions exprimés

Le mot valeur soulève également autant de difficultés et d'incompréhension entre les économistes que les précédents mots courants analysés, quand, au même moment certains spécialistes suggèrent même de se passer de l'usage de ce mot.

I.5 Du terme d'étalon dans la littérature

1.5.1. Etat des lieux des avis et opinions exprimés

Dans les « Cahiers de l'Economie Politique N°23, du 1/1/2001, Ghislain DELEPLACE, indique que *« Dans un régime métallique tout lien entre étalon de la valeur de la monnaie et étalon de la valeur réelle des marchandises devra être rompu. »*

A travers la littérature plusieurs idées sont avancées. Le mot étalon renvoie à plusieurs notions souvent éloignées de l'étalon dans le domaine économique où il y apparaît à travers le mot étalon-or.

De là, des questions sont posées pour savoir pourquoi l'or a été choisi pour représenter l'étalon. En réponse, les qualités de l'or sont rappelées pour justifier le choix de l'or comme étant le bon étalon.

L'or constitue une monnaie internationale qui sert au règlement des échanges et comme instrument de réserve pour les banques centrales des pays qui l'ont adopté.

Des faits historiques sont rappelés pour indiquer que les marchands et négociants ont fait de l'or une unité de compte courante depuis l'Antiquité ainsi qu'un instrument de réserve de valeur.

Les modalités exactes de l'évolution de la monnaie varient selon l'époque et le lieu, mais les historiens pensent en général que la forte valeur accordée à l'or (du fait de sa beauté, sa densité, sa résistance à la corrosion, son uniformité et la facilité à le refondre) en ont fait une réserve de valeur et une unité de compte pour d'autres instruments de réserve de valeur.

1.5.2. Analyse des avis et opinions exprimés

Tout comme les termes précédents, le mot étalon reste d'usage courant sans être l'objet d'une définition spécifique.

Pour certains auteurs, la valeur ne pouvant même pas être connue, que peut-on donc dire de l'étalon ?

De plus, que dire des auteurs qui pensent à un étalon de la valeur de la monnaie et à un étalon de la valeur réelle des marchandises et de la rupture de lien entre ces deux concepts ?

II. DES DIVERGENCES ENTRE LES ÉCONOMISTES SUR CINQ MOTS OU DES INSUFFISANCES DE LA MÉTHODE EMPIRIQUE DE RECHERCHE EN ÉCONOMIE

L'éventail des divergences de points de vue entre les spécialistes de l'économie sur les cinq mots étudiés traduit un phénomène souvent considéré comme signe de souplesse et de richesse de la discipline économique.

Cependant, cette souplesse cache en réalité la preuve évidente de sa fragilité sur le plan méthodologique, une fragilité qui s'explique par le fait que les différents auteurs ont jusqu'ici adopté une méthodologie empirique qui consiste à tenir pour vérité l'observation directe que leur livrent leurs sens naturels d'observation.

C'est ainsi que ces observations qui n'ont pas été analysées pour être conceptualisées sont restées à l'état de constats empiriques tout en étant ouvertes à la réception de nouvelles expériences qu'elles ne peuvent ni valider ni invalider.

L'insuffisance d'une telle méthode de recherche peut être facilement vérifiée en constatant que le second volet de la démarche scientifique moderne n'a pas été pris en compte. En effet, selon cette approche moderne, lorsqu'une méthode d'approche commence par l'observation il faut ensuite qu'elle puisse permettre de réfléchir sur ce qui a été observé, ce que l'approche empirique adoptée n'a pas respecté.

C'est pourquoi, à défaut d'une description précise du concept de prix, les économistes cherchent toujours à décrire ces prix, la façon dont ils sont formés, comment ils sont fixés et à quoi ils servent et bien d'autres questions.

C'est ainsi qu'ils se sont posé une multitude de questions qui ne leur auront pas permis de couvrir toutes les situations possibles de prix ni à travers le temps ni dans l'espace. En outre, elles n'auront pas permis de percer l'essence de ce mot.

En effet, il est important de savoir ce qu'est le prix, c'est-à-dire ce qui fait que le prix est bien le prix. Il en est de même en ce qui concerne la valeur ou l'étalon ou encore le numéraire.

C'est pourquoi il apparaît nécessaire de changer de méthode en se classant résolument dans une démarche méthodique et systématique conforme à l'esprit scientifique moderne.

III. LE NOUVEL ESPRIT SCIENTIFIQUE

La méthodologie scientifique moderne est inspirée du réalisme et du rationalisme[7] et estime que, pour qu'une méthode pédagogique puisse convaincre, il faut qu'elle arrive à quitter son domaine d'origine : si elle commence par expérimenter, elle doit ensuite permettre de raisonner ; et si on y réfléchit, il faut ensuite expérimenter, appliquer : d'où l'importance accordée à la théorie et à la pratique ainsi qu'à leur interaction complémentaire.

Ce choix de la méthode est nécessaire afin d'apporter à chaque fois les preuves logiques à la base des propositions que nous énonçons. En effet, sans cette précaution, toute proposition que nous formulerons pourrait être l'objet de critiques de la part des tenants de l'une des écoles de pensées dont la position semblera être mise en cause.

Par conséquent, le risque serait assez grand pour nous de nous retrouver comme dans le cadre d'une philosophie spéculative où l'on peut défendre toute idée et son contraire.

Donc le choix de cette méthode, que nous opérons dans le cadre de ce travail, est une garantie pour nous afin d'éviter d'ajouter de la confusion à la confusion générale entretenue entre les écoles de pensées.

En effet, selon cette approche, une méthodologie de recherche crédible doit pouvoir privilégier les deux étapes de la démarche scientifique, à savoir : la théorie suivie de l'application et inversement l'application suivie de la réflexion afin d'engager la recherche dans un processus de renouvellement infini.

---

[7] Voir Gaston BACHELARD, *« le Nouvel esprit scientifique »*, PUF, 1978

C'est ainsi que nous prouverons à la suite des présentes analyses qu'en termes de concepts, quatre mots de la liste précédente, bien conçus et définis, permettent de déterminer complètement le cinquième concept.

De plus, nous établirons dans les pages qui suivent que ces cinq concepts pris ensemble sont non seulement liés, mais en plus ils sont complémentaires et suffisants pour définir une discipline scientifique autonome.

Cette discipline autonome est dotée de son objet propre ; un objet qui est déterminé par une caractéristique mesurable, la valeur, qui est définie comme une quantité d'étalon ; l'étalon représentant la définition de l'unité de compte. Cette quantité d'étalon qu'est la valeur est mesurable au moyen de l'instrument de mesure qui est le numéraire. L'utilisation de celui-ci donne le résultat de la mesure qui est le prix.

Ainsi, il est facile de reconnaître clairement dans cette formulation la nature et la désignation précises de chacun des cinq concepts désignés et de comprendre qu'en réalité, en termes de concepts bien élaborés, les cinq mots étudiés ne doivent être l'objet d'aucun conflit.

En termes de comparaison avec l'exemple d'un domaine qui nous paraît familier, la thermodynamique, les équivalents des cinq mots conceptualisés sont dans l'ordre :

Tableau de Comparaison des concepts en économie scientifique et en thermodynamique

N° ordre	Contenu des concepts	Concepts en économie	Concepts en thermodynamique
1	Objet de discipline	Etude (de la valeur) des objets au cours des échanges	Etude de la chaleur
	et Nom de la discipline	Economie Scientifique	Thermodynamique
2	Caractéristique de l'objet de la discipline	Valeur	Température
3	Mesure exacte de la caractéristique	Quantité d'étalon (quantité de monnaie dans son rôle d'unité de compte)	Quantité de degré (sur échelle)
4	Instrument de mesure	Numéraire (monnaie dans son rôle d'intermédiaire dans les échanges)	Thermomètre
5	Résultat de la mesure	Le prix (quantité de la valeur du numéraire contenue dans la valeur de l'objet échangé)	Mesure de la Température (Donnée par la lecture de la température)

IV. CONCLUSION FONDAMENTALE

Il importe de comprendre l'importance de la méthode dans les résultats d'une analyse. C'est pourquoi nous allons nous inspirer du nouvel esprit de la démarche scientifique pour nous séparer de l'empirisme adopté jusqu'ici par les différentes écoles de pensées en économie.

Ce choix de méthode permet de démontrer que le concept empirique de monnaie est porteur de confusion et que le concept de numéraire désigne mieux la monnaie dans son rôle fondamental d'intermédiaire dans les échanges.

Au même moment, il sera établi que le concept d'étalon, ou d'unité de compte ou d'unité de valeur traduit mieux le concept de monnaie dans son rôle d'étalon.

Par conséquent, il apparaît, sans boutade, que toute L'Economie Scientifique peut être enseignée sans utiliser le mot monnaie, à la place duquel seront utilisées les notions plus appropriées de numéraire ou d'étalon.

En revanche, nous allons établir que le concept de valeur, la caractéristique fondamentale de l'objet de cette discipline économique, ne peut être ignoré dans le cadre de l'Economie Scientifique.

En effet, comme l'écrit si bien le Prix Nobel Maurice ALLAIS, le prix n'est-il pas à la valeur ce qu'est la température pour la chaleur ?

Même si, dit-on que comparaison n'est pas raison, comment peut-on imaginer faire de la thermodynamique en cherchant à se passer du mot chaleur ?

Le concept de L'Economie Scientifique traduit cet objectif assigné aux présents travaux qui consiste à inscrire résolument la démarche économique dans la voie de la rigueur scientifique à l'image des autres disciplines scientifiques auxquelles nous sommes habitués.

Elle s'inspirera de celles-ci en leur empruntant leurs instruments les plus pertinents en termes d'analyse quantitative et, ce faisant, se hissera au niveau des plus performantes d'entre elles.

Il ne s'agit pas d'un simple conformisme mais bien plus d'une nécessité vitale, car il s'agit de raisonner sur la richesse, et comme l'écrit si bien WALRAS[8] « *Pour raisonner sur la richesse, il est important de connaître ce qu'elle est, et ce qui en constitue l'exacte expression* ».

En effet, il est facile de vérifier que toutes les politiques de développement de gauche comme de droite se sont rejointes autour des mêmes recettes qui ont montré leurs limites face aux drames du chômage, en laissant les populations sans voix quand elles ne savent plus à qui donner leur confiance.

---

[8] A. WALRAS, « Richesse, Liberté et Société », Tome I, Economica, p. 61.

Puissent les présents travaux constituer un message d'espoir de par le monde en l'endroit de toutes les populations souffrantes, de par le monde, des politiques de développement.

DEUXIÈME PARTIE

LES ÉLÉMENTS FONDATEURS DE L'ÉCONOMIE SCIENTIFIQUE

I. TRANSACTIONS ET ÉCHANGES VOLONTAIRES, INSTRUMENTS MONÉTAIRES ET ÉQUIVALENCE AU SEIN D'UNE COLLECTIVITÉ

1.1 Introduction

L'objet du présent chapitre porte sur l'observation méthodique, sans a priori ni préjugé, des activités d'échanges et de transactions diverses, libres et volontaires conduites par des agents d'une collectivité humaine dotée de son organisation propre, chaque agent étant à la recherche des meilleures conditions d'acquisition des biens et services désirés.

Sa finalité est de comprendre l'environnement d'échanges dans toute sa diversité à travers tous les âges et tous les lieux, et de contribuer, de la façon la plus décisive, à maîtriser les instruments utilisables dans le cadre du bon déroulement d'échanges mutuellement avantageux pour les coéchangistes.

Dans la méthodologie adoptée, seule l'analyse, dont le caractère irréfutable est retenu au regard des principes logiques connus, sera privilégiée afin d'éviter toute déclaration ou affirmation sans preuve.

Chaque observation sera suivie d'une analyse logique pour faire ressortir les aspects stables qui ne dépendent pas spécifiquement ni des conditions d'échange ni des acteurs.

A ce titre, le présent travail respecte, sur le plan méthodologique, l'importance accordée à la théorie et à la pratique ainsi qu'à leur interaction complémentaire.

Ainsi, dans ce travail, nous distinguerons les avis émis, souvent par des spécialistes reconnus sur le plan scientifique, des propositions théoriques qui sont vérifiées, c'est-à-dire susceptibles d'être l'objet d'une démonstration rigoureuse et complète.

Les matériaux disponibles seront fondés pour ce faire sur l'observation des faits. La méthode de travail procédera par l'abstraction, en ce qui concerne l'analyse des faits historiques qui semblent se dérouler une seule fois en se suivant de façon linéaire sans jamais revenir à l'identique, puis par la conceptualisation à travers un raisonnement déductif.

Lorsqu'un système de concepts et de relations aura été mis en place et en cohérence dans un modèle théorique, nous procéderons ensuite à la confrontation du modèle théorique avec les observations que nous livrent les différentes expériences dans le temps et dans l'espace.

Cette méthode n'est pas exclusivement la seule que nous adopterons. En effet, étant mieux adaptée pour l'étude des faits qualitatifs, cette méthode fera place, pour l'analyse des données quantitatives et sommables, à la méthode inductive, celle-ci étant alors plus pertinente. Donc, aucune méthode scientifique de traitement des données ne sera écartée a priori.

Les expériences historiques connues dans les différents pays seront expliquées à partir de ces modèles pour illustrer la pertinence des concepts ou théories qui auront été établis tout au long du présent travail et pour conforter leur pertinence.

En effet, une démarche scientifique doit permettre d'anticiper la réalité et de l'expliquer dès qu'elle est observée tout en donnant la possibilité d'enrichir le contenu théorique du modèle proposé.

Il apparaît donc important de faire la distinction entre les résultats fournis par les modèles théoriques et les données qui sont issues des expériences dans le champ de l'évolution économique.

1.2 Echanges volontaires, équivalence, numéraires

Considérons le marché des biens et services dans une collectivité donnée.

Nous désignerons par marchandise, tout bien ou location de service présent sur ce marché où se rendent des agents pour faire des opérations d'échanges, c'est-à-dire pour offrir une marchandise et en recevoir une autre.

Chaque opération d'échange met en relation deux agents *A* et *B*, *A* remettant à *B* “ quelque chose ” et *B* remettant en retour à *A* “ une autre chose ”.

Cependant, il peut arriver qu'une longue discussion, un long arbitrage ait lieu avant que les deux agents ne concluent définitivement leur opération d'échange.

Pour que l'échange soit rendu possible et volontairement souhaité, il aura fallu que :

- l'objet donné par *A* soit désiré par *B*, et inversement, que l'objet donné par *B* soit aussi désiré par *A*,

- et que les deux objets soient jugés équivalents par les deux parties.

Ces deux conditions sont connues sous l'appellation de double coïncidence du troc, et elles représentent une source de coût pour les opérations d'échange.

Pour limiter ce coût, la collectivité doit pouvoir générer en son sein, au moins un instrument, une marchandise particulière communément acceptée par tout le monde et qui est utilisée comme intermédiaire dans les échanges.

Il suffit qu'un agent *A* détenant une marchandise *M* en quantité *Q*, notée M_{AQ}, échange cette quantité contre une quantité équivalente Z_I de la marchandise communément acceptée (sel, drap ou cauris).

Muni de cette quantité Z_I, cet agent *A* pourrait se procurer une quantité désirée *(Q')* de la marchandise *N* détenue par l'agent *B* notée $N_{BQ'}$.

Cette marchandise communément acceptée, jouant ainsi le rôle d'intermédiaire dans les échanges au sein de la collectivité considérée est appelée numéraire. Cette terminologie est utilisée chez RICARDO et son origine remonterait selon SCHUMPETER(1)[9] à un auteur anglais STEUART.

Comme exemple de numéraire, on retrouve chez RICARDO[10] le blé, le drap, le sel (en Afrique), le mouton (ou la laine) chez TURGOT[11].

---

9 J. SCHUMPETER, *"Histoire de l'Analyse Economique"*, Tome I, Ed. Gallimard,1983, p. 414.

10 D. RICARDO, *"Des Principes d'Economie Politique et de l'Impôt "*, Sciences Flammarion, 1971, p. 242.

11 A. R. J. TURGOT, *"Ecrits Economiques"*, Calmann Lévy, 1970, pp. 143-145.

1.3 Echanges, prix et valeurs d'échange, certificat de reconnaissance et monnaie

Considérons le marché des biens dans une collectivité déterminée. Nous avons vu qu'il existe au moins une marchandise particulière appelée numéraire contre laquelle toute marchandise peut s'échanger pour la simple raison que cette marchandise est désirée par toute personne possédant le bien que l'on souhaite acquérir.

Considérons une quantité physique unitaire d'une marchandise, par exemple le kilogramme de riz. Cette quantité s'échange contre une quantité de numéraire appelée prix unitaire du riz.

Ce prix est accepté en échange d'un kilogramme de riz. On dit que le prix est une valeur d'échange et comme tel, le prix est une valeur relative.

En effet, ce prix qui exprime la quantité de la valeur attribuée au numéraire et contenue dans la valeur du kilogramme de riz s'écrit :

Prix (du kilogramme de riz) = (valeur du kilogramme de riz) / (valeur du numéraire)

Si l'on change de numéraire, pour passer du drap au mouton, il va sans dire que le prix de ce kilogramme de riz change puisque dans l'écriture du rapport précédent, le dénominateur change.

Si le choix de ce numéraire permet de réduire le coût des échanges, il va sans dire que le coût pourrait être d'autant plus faible que le numéraire est choisi dans un instrument dont le coût de production est lui aussi très faible, voire négligeable.

C'est ainsi que le rôle de numéraire a pu être assuré par une marchandise conventionnelle au coût presque négligeable quelle que soit la quantité désirée de cette marchandise conventionnelle lors des transactions.

Un tel instrument a pris la forme de certificat de reconnaissance, de papier d'Etat inconvertible, ou de billet de banque convertible. Ce certificat, ce billet, cette monnaie, tout en représentant une quantité de valeur, représente en même temps quelque chose de non coûteux, non directement consommable en tant qu'objet entrant directement dans une fonction de consommation.

Un tel bien n'est pas désiré directement pour lui-même, mais pour servir à acquérir un autre bien. Les prix des objets s'expriment donc comme une quantité de cet instrument, de cette monnaie.

1.4. Rôle fondamental du numéraire, unicité ou multiplicité des numéraires dans l'économie

Lorsque qu'un agent A dispose d'une quantité Q_{MA} de la marchandise M, et qu'il désire obtenir en échange une marchandise N détenue par un agent B, notée Q_{NB} cet agent A procédera ainsi :

- 1. Echange de Q_{MA} contre N_1 quantité de numéraire sur une base d'équivalence, ce que l'on notera :

$$Q_{MA} \approx N_1$$

- 2. Echange de N_1 quantité de numéraire contre une quantité équivalente Q_{NB} de la marchandise détenue par B, ce que l'on notera :

$$N_1 \approx Q_{NB}$$

Ainsi, la quantité Q_{MA} est échangée contre la quantité Q_{NB}, ce que nous noterons :

$$Q_{MA} \approx \; Q_{NB}$$

La comparaison directe entre les quantités physiques de marchandise M et N détenues par les agents A et B est rendue possible par l'usage d'un numéraire dont le rôle fondamental aura consisté ici à assurer la comparabilité des quantités variées des deux marchandises A et B.

A ce titre, le numéraire a joué le rôle d'instrument de mesure de “ quelque chose ” aussi bien avec la première marchandise M qu'avec la seconde N. Nous appelons cette chose “ la valeur des quantités physiques des marchandises Q_{MA} et Q_{NB} ”.

Nous pouvons envisager de changer d'instrument de mesure de cette valeur. Dans ce cas, la quantité N_1 de numéraires change. Cependant, la quantité Q_{NB} obtenue en échange ne doit pas changer, ce qui maintient l'équivalence entre ces deux quantités physiques initialement échangées.

L'usage d'un instrument de mesure n'exclut donc pas l'usage d'un autre, pourvu que ces deux instruments soient unanimement reconnus et acceptés comme tels.

Sur un plan pratique, pour comparer deux distances physiques K et L, il est possible d'utiliser comme instrument de mesure le mètre ou le kilomètre. Cependant, le résultat de la comparaison n'est pas modifié selon que l'on utilise l'un ou l'autre des deux instruments de mesure. Ce qui change, ce sont les expressions des deux distances à partir des instruments de mesure distincts.

1.5 Valeur d'échange, valeur intrinsèque (dans l'absolu) et étalon de valeur

Nous avons vu que si P désigne le prix unitaire d'un objet, alors P correspond à une valeur relative : c'est par exemple la valeur d'un kilogramme de riz rapportée à la valeur attribuée au numéraire. Tous les prix observés sont des valeurs d'échange, des valeurs relatives.

Pour que ce numéraire puisse jouer son rôle de mesure des valeurs et permettre des échanges sur une base d'équivalence, il est nécessaire que les conditions des échanges n'affectent pas l'instrument de mesure lui-même et par conséquent les résultats des mesures. En effet, l'équivalence entre les quantités échangées aurait peu de sens dans la mesure où ces quantités seraient le résultat des mesures effectuées par des instruments différents. Donc, un bon instrument de mesure des valeurs devra tendre à être peu sensible aux lois de la rareté et du désir auxquelles sont soumis les produits faisant l'objet des échanges et qui sont désirés pour eux-mêmes.

Lors des échanges, il convient de remarquer que seules sont observées les valeurs relatives qui sont aussi des valeurs d'échanges, ou des prix.

Cependant, ces valeurs relatives sont déterminées à partir des valeurs intrinsèques ou valeurs dans l'absolu, qui, bien que n'étant pas observées ni nécessairement connues sont en réalité les substances réelles qui sont l'objet de mesure à travers les instruments d'échanges.

Les prix ne sont donc que les manifestations de l'expression relative de ces valeurs que les coéchangistes attribuent implicitement chacun au bien ou service qu'ils offrent au cours des échanges. Cependant, alors que les prix sont apparents et explicites, les valeurs sont implicites.

Par conséquent, comment peut-on donc procéder pour connaître la valeur intrinsèque attachée aux biens et services dans une collectivité d'échanges ?

La réponse à cette question ne peut être trouvée que si l'on connaît la valeur attachée au numéraire à partir de laquelle toutes les autres valeurs sont exprimées. Quelle est alors, dans ce cas, la valeur de ce numéraire ?

La question reste pendante tant qu'on ne connaît pas cette valeur. C'est le problème de l'indétermination de la valeur dans l'absolu qui a été en partie résolu par l'apport de deux auteurs, KEYNES[12], et MARX[13] qui ont établi l'existence de la valeur (absolue) et de l'étalon des valeurs, ainsi que l'unicité de celui-ci.

Pour définir la valeur d'un objet, il faut l'exprimer comme une quantité de numéraire, celui-ci étant lui-même une quantité de valeur.

Il s'ensuit une ambiguïté qui n'est d'ailleurs pas propre à la définition de la valeur. En effet, pour définir la distance, n'est-on pas amené à la définir par une quantité d'une autre distance, le mètre, défini conventionnellement comme étalon et accepté comme tel ?

Le mètre n'est-il pas une distance, c'est-à-dire la substance que l'on cherche à connaître ? En dehors de la convention qui le définit, qu'est-ce-qui définit le mètre ? Rien du tout. La distance

---

12 J. M. KEYNES, " *A Treatise on money* ", Chapitre 1, in Collected Writings, London, Macmillan, Vol V, 1973, cité par Marie Thérèse BOYER-XAMBEU et ALII, in " Cahier d'Economie Politique N° 18, L'Harmattan, 1990, p. 32

13 K. MARX, *"Prix. Salaires. Profit "*, p. 30, 1er paragraphe.

qui le représente est le résultat d'un choix. Cependant, une fois effectué, ce choix devient fondamental.

Le domaine de la mesure de la valeur respecte la même logique que celui de la mesure des distances ou de la masse.

En effet, le numéraire est doté d'une certaine valeur qui représente une quantité d'étalon. Cette quantité d'étalon peut être égale ou différente de l'unité.

Le prix d'un objet apparaît comme le nombre de fois que la valeur attribuée au numéraire est contenue dans la valeur de l'objet échangé, ce qui s'écrit par exemple :

Prix (du kilogramme de riz) = (valeur du kilogramme de riz) / (valeur du numéraire)

Une telle disposition généralise la position couramment adoptée depuis ARISTOTE et poursuivie chez RICARDO qui consiste à considérer le numéraire comme représentant l'unité de mesure, c'est-à-dire l'étalon.

Cette position présente l'inconvénient majeur de confondre l'instrument de mesure avec l'unité de mesure et ce faisant, elle conduit à confondre la chose mesurée (valeur) et le résultat de la mesure effectuée avec tout instrument de mesure (un prix). C'est ainsi que des économistes continuent de penser que l'on peut faire toute l'économie sans utiliser le mot valeur et se contenter du prix.

L'adoption d'une telle attitude fait oublier qu'en réalité, c'est l'instrument de mesure qui est indéterminé puisque celui-ci ne dispose d'aucune autonomie et sa définition ne peut que dépendre de l'unité de valeur, l'étalon, qui reste ignoré. Et partant, cette attitude laisse malheureusement croire qu'avec un instrument indéterminé se déduit la mesure de la chose mesurée, un peu comme si la nature avait mis en place une mesure empirique des choses.

En ce qui concerne l'existence de la valeur, celle-ci s'établit comme suit.

1.6. Existence de la valeur

A la suite de K. MARX[14], nous pouvons noter que, si une quantité Q_{MA} d'une marchandise s'échange contre une quantité Q_{NB} d'une autre marchandise, c'est que ces deux quantités de marchandises sont équivalentes, ce qui signifie que :

- ces deux quantités sont équivalentes à une quantité q d'une troisième chose (*E*), qui n'est pas une marchandise,

- chacune de ces deux quantités Q_{MA} et Q_{NB} doit indépendamment de l'autre pouvoir être réduite à cette quantité *q* de *E* qui constitue la valeur commune (ou commune mesure) de ces deux quantités initialement considérées.

La troisième chose est appelée Etalon de valeur, et la quantité *q* est appelée la valeur commune des quantités Q_{MA} et Q_{NB}.

On peut noter en désignant par ≈ la relation d'équivalence entre des quantités physiques de marchandises, et Ʀ la relation d'équivalence entre une quantité de marchandise et sa valeur :

$Q_{MA} \approx Q_{MB}$ signifie :

∃ ! *E* / *E* n'est pas une marchandise et :

$(Q_{MA} \approx Q_{MB})$ Ʀ $q*E$ avec q un nombre réel positif et

(Q_{MA}) Ʀ $(q*E)$ avec *q* un nombre réel positif

(Q_{MB}) Ʀ $(q*E)$ avec *q* un nombre réel positif

q est la mesure commune (valeur commune) ; *E* est l'étalon de valeur.

1.7. De la valeur attribuée au numéraire à la valeur d'une quantité unitaire d'une marchandise

Si la valeur attribuée au numéraire vaut une unité de E, alors la valeur de la quantité unitaire d'une marchandise est strictement déterminée directement par la quantité de numéraire obtenue lors de l'échange, c'est-à-dire le prix unitaire. Ainsi le prix et la valeur unitaire coïncident.

---

[14] K.MARX, « Prix. Salaire. Profit. », p.30, 1er paragraphe

Dans le cas contraire, si la valeur attribuée au numéraire est différente de l'unité, le prix observé peut être transformé en quantité d'étalons *E* pour déterminer dans une seconde étape, la valeur absolue unitaire. Dans ce cas, le prix unitaire et la valeur unitaire ne coïncident pas.

1.8. Substance de l'étalon

Plusieurs questions et interrogations subsistent au sujet de l'étalon. En effet, si l'étalon existe comme représentant la valeur unitaire, nous savons que par définition, cet étalon n'est pas une marchandise. Ce qui signifie donc que cet étalon n'est pas « un objet coûteux et désiré pour lui-même », c'est-à-dire qu'il n'est pas nécessairement matérialisé, ou n'est pas nécessairement coûteux ou n'est pas nécessairement désiré pour lui-même en tant qu'objet entrant directement dans une fonction d'utilité ou de production.

Par conséquent, il apparaît que le support matériel de cet étalon importe peu. Il importe si peu, qu'il peut ne pas être matérialisé. Par ailleurs, s'il est matérialisé, il l'est dans une substance unique, car cet étalon doit avoir la propriété d'être unique.

L'or a souvent joué le rôle de support matériel de l'étalon, de même que l'argent. Par ailleurs, des exemples de support immatériel de l'étalon existent dans l'histoire, tels qu'en France au Moyen Age avec la livre tournois ou le florin de banque qui sont des unités de compte dites fictives.

En conséquence, au moins trois questions fondamentales peuvent être formulées au sujet de la substance de l'étalon.

Quelle est la forme de l'étalon ?

La réponse à cette question n'est pas évidente. Toutefois, nous savons que l'étalon n'est pas nécessairement matérialisé, car il ne faut pas oublier que l'étalon n'est pas nécessairement une marchandise, c'est-à-dire un objet coûteux et désiré.

Quelle est sa définition ?

Comme tous les étalons, l'étalon de valeur ne saurait faire exception à une définition purement conventionnelle. Cependant, son existence et sa substance s'imposent à la pratique unanime au sein de la collectivité qui l'adopte.

Comment l'observe-t-on ?

Il est observé à la pratique qui peut être légalement consignée au sein d'une collectivité donnée. Mais, il peut arriver que l'acte légal cesse de coïncider avec la pratique après un certain temps de fonctionnement harmonieux. Une telle situation est source de conflit et peut imposer une modification plus ou moins profonde dans le fonctionnement de l'économie au sein de la collectivité concernée.

Par ailleurs, si l'étalon ne s'observe qu'à la pratique dans les échanges, il convient aussi de savoir que l'observation pratique ne peut tenir lieu de justification théorique.

En effet, c'est parce qu'une théorie permet de montrer l'existence de l'étalon, dont la manifestation pratique peut d'ailleurs échapper aux appréciations procurées par nos sens du fait qu'il peut être immatériel, que l'on peut reconnaître à la pratique, ce qui tient lieu d'étalon, que celui-ci soit matérialisé ou non. Il s'agit là d'un point essentiel pour saisir l'essence de l'étalon.

1.9. Monnaie - Marchandise, Numéraire, Etalon, Prix et Valeur

Les numéraires représentés par une marchandise présentent au moins une double fonction :

- d'abord, étant produits, donc désirés et coûteux, ils satisfont un besoin de consommation pour produire une utilité,

- ensuite, étant utiles lors des échanges, ils ont en plus une valeur d'usage qui fait d'eux des éléments privilégiés lors des transactions.

De tels numéraires sont appelés monnaie-marchandise.

Le numéraire, cet instrument monétaire qui permet de rendre comparables entre elles des quantités physiques différentes de biens et services, à travers leurs valeurs, n'est pas nécessairement destiné à être coûteux. Cette seconde fonction d'usage du numéraire peut donc être assurée sans la première, c'est-à-dire sans remplir une fonction quelconque de consommation ou de production. C'est par exemple le cas lorsqu'un instrument au coût négligeable ou presque est utilisé comme numéraire.

En effet, en négligeant la première fonction de la monnaie-marchandise décrite ci-dessus, on obtient un numéraire peu coûteux, non désiré directement pour lui-même, mais servant d'intermédiaire dans les échanges.

Un tel numéraire, bien que peu coûteux, représenterait en même temps une quantité de valeur en servant d'instrument de mesure de la valeur des marchandises.

Il convient de remarquer que rien, a priori, ne s'oppose à ce que cet instrument de mesure représente en même temps une valeur unitaire, ou bien une valeur non unitaire.

Par ailleurs, cette quantité de valeur, véhiculée par ce numéraire, peut être fixée conventionnellement. Cependant, cela présuppose l'existence de l'étalon, dont on prend une quantité pour désigner la valeur véhiculée par le numéraire. Cette existence peut faire l'objet d'une convention entérinant une pratique.

Un tel numéraire, au coût négligeable, représentant une quantité d'étalon est empiriquement appelé monnaie dans l'histoire économique.

En effet, il importe que des raisons de coûts ne puissent empêcher l'émission d'une quantité suffisante de numéraire, de monnaie, pour éviter de nuire bien évidemment à la bonne marche des affaires.

De cette façon, avec une telle monnaie, au coût d'émission négligeable, le risque de pénurie d'instruments monétaires est écarté pour des raisons de coût.

Ainsi, sans modification des quantités de facteurs en usage par ailleurs, il est possible d'augmenter la quantité de monnaie pour la porter au niveau désiré selon la demande.

Dans une situation de pénurie d'or, une telle disposition ne pourrait pas fonctionner efficacement dans un système d'étalon or. En effet, on ne saurait augmenter considérablement la quantité d'or sans accroître les coûts d'extraction ou sans mobiliser des quantités importantes supplémentaires de facteurs de production nécessaires aux besoins, au détriment des autres secteurs de l'économie.

Aussi, le prix et la valeur coïncident lorsque le numéraire a la valeur d'une unité d'étalon. Dans le cas contraire, prix et valeur ne coïncident pas. La distinction entre ces deux concepts est fondamentale.

1.10. De la mesure convenable de la valeur

Nous savons maintenant établir la distinction entre le prix unitaire et la valeur unitaire des objets. Cependant, dans la littérature, nous pouvons relever, depuis RICARDO, qu'il n'en a pas toujours été ainsi et qu'une confusion certaine a opposé les économistes. C'est pourquoi RICARDO[15] a écrit :

" J'ai cherché avec soin à ne pas confondre la valeur dépréciée de l'or avec la valeur élevée du blé, ou de toute autre marchandise avec laquelle on peut comparer le numéraire. On a généralement considéré ces deux expressions comme équivalentes ; mais il est clair quand le blé monte de 5 shillings à 10 par boisseau, cette hausse peut venir d'une baisse de la valeur de l'argent ou de la hausse de la valeur du blé. [...] Mais, les effets de la hausse du blé, quand cette hausse provient de l'augmentation de sa valeur ou de la dépréciation du numéraire, sont entièrement différents. "

En analysant les appréciations formulées ci-dessus par RICARDO, il apparaît que le numéraire, représenté par l'argent ou l'or, représente une quantité de valeur qui désigne en fait une quantité d'étalon.

Il en est de même pour les valeurs des autres objets dont le rapport à la valeur du numéraire désigne les prix qui sont des valeurs relatives.

Les métaux désignent ici des instruments de mesure des valeurs des autres objets. La dépréciation dont parle RICARDO, consiste à remplacer au dénominateur dans l'expression des prix, la valeur initiale du numéraire par une

[15] D. RICARDO, *"Des Principes d'Economie politique et de l'impôt "*, Sciences Flammarion, p. 125.

nouvelle valeur plus petite, ce qui a pour résultat d'exprimer les prix par des nombres plus élevés.

Pratiquement, cela revient en fait à utiliser un nouvel instrument de mesure plus petit que l'ancien. Partant, peut-on réellement soutenir que l'on est en droit de comparer les expressions de prix ainsi formulées pour un même objet au cours du temps ? Et de la comparaison opérée dans ces conditions, peut-on réellement tirer une quelconque conclusion que ce soit ?

Nous comprenons aujourd'hui, à partir des analyses qui précèdent, que le numéraire représenté dans une monnaie-marchandise apparaît comme le plus imparfait des instruments de mesure.

En effet, ce que les prix doivent permettre de suivre au cours du temps, c'est l'évolution de la chose mesurée et non pas celle de l'instrument de mesure. Il faut donc faire attention pour que les prix, manifestations de la valeur des objets dans des conditions d'échanges déterminées, ne soient confondus aux valeurs.

Le bien-fondé des remarques formulées par RICARDO est compréhensible. Toutefois, les problèmes qu'il soulève nécessitent de connaître la meilleure façon d'exprimer la valeur des objets.

En conclusion partielle, la meilleure façon d'exprimer la valeur des objets est d'énoncer la quantité de l'étalon que représente cette valeur, l'étalon étant défini conformément à la théorie de son existence et de son unicité étudiée ci-dessus.

Ainsi, nous pouvons, comme RICARDO[16] être d'accord avec DESTUTT de TRACY, lorsque cet auteur écrit :

" Mesurer une chose, c'est la comparer avec une quantité donnée de cette autre chose qui nous sert de terme de comparaison, d'étalon, d'unité. Mesurer, déterminer une longueur, une valeur, un poids, c'est donc rechercher combien ils contiennent de mètres, de francs, de grammes, en un mot, d'unités d'une même nature. Le franc n'est une mesure de

---

[16] D. RICARDO, *"Des Principes d'Economie politique et de l'impôt "*, Sciences Flammarion., p. 250.

valeur, que pour une certaine quantité de métal dont sont faits les francs, à moins que les francs et la chose qu'on doit mesurer ne puissent être rapportés à quelqu'autre mesure commune aux deux.."

Notre accord sur ce point sera total, s'il faut comprendre par " argent ", le concept d'étalon. Ainsi, est-il aisé de vérifier que DESTUTT de TRACY a bien compris que le franc ne représente pas automatiquement une mesure correcte de valeur et que pour ce faire, il y a des conditions à fixer pour sa définition. L'importance de cet aspect sera reprise dans la définition des conditions de référence.

1.11. Monnaie et prise en compte du temps

La monnaie, en tant que numéraire, sert d'intermédiaire dans les échanges, or ce rôle d'intermédiaire dans les échanges se conçoit dans le temps. Lorsque l'on dispose d'un bien *A* et que l'on désire obtenir un autre bien *B*, il faut : d'abord procéder à un échange premier du bien A contre une quantité de numéraire, ensuite échanger cette quantité de numéraire contre le bien désiré *B*.

Cette étape peut prendre du temps. Mais, il se pose alors la question de savoir s'il faut saisir le fait monétaire au début du premier échange, après celui-ci ou après la fin du second échange, c'est-à-dire après que la monnaie aura disparu des échanges. Dans le cadre d'une économie dynamique, on ne saurait raisonner en ignorant le temps.

1.12. Monnaie de transaction (moneta) et monnaie de compte (monetie)

Nous avons vu que lorsque la monnaie est utilisée comme numéraire dans les transactions, il lui est attaché une valeur conventionnelle, c'est-à-dire une quantité d'étalon représentant une valeur qui est sans rapport avec un coût de production devant apparaître complètement négligeable. C'est là un caractère propre à la monnaie qui représente de fait une valeur non coûteuse. Deux situations peuvent se présenter :

- la valeur attachée à la monnaie- numéraire est égale à l'unité de valeur ;

- la valeur attachée à la monnaie-numéraire est différente de l'unité de valeur.

Lorsque la monnaie est utilisée comme numéraire, elle est appelée monnaie de transaction. Par ce rôle, elle est désignée par le terme de *moneta* (ALLAIS)[17], *moneta reale* (GALIANI)[18].

Lorsque la monnaie sert d'étalon de valeur, on l'appelle aussi monnaie de compte, ou unité de compte ou *monetie* (ALLAIS), ou *moneta immaginaria* (GALIANI cité chez SCHUMPETER).

Par ce rôle d'unité de compte, la monnaie est souvent qualifiée de monnaie fantôme, c'est-à-dire sans existence matérielle. Un tel exemple de monnaie fantôme se retrouve dans l'histoire en France avec la livre tournois.

1.13. Matérialisation des monnaies selon les deux fonctions : Numéraire et Unité de compte

La monnaie, pour qu'elle soit socialement et unanimement acceptée comme intermédiaire dans les échanges, il est nécessaire qu'elle soit physiquement représentée et bien identifiable sans ambiguïté au sein de la société en question.

Ainsi, dans toute l'expérience en matière de monnaie à travers le temps et dans l'espace, la monnaie en tant que numéraire est toujours matérialisée.

Par contre, en tant qu'étalon, la monnaie n'est pas toujours représentée physiquement dans quelque matière que ce soit. Une telle expérience a existé au Moyen Age en France où il y avait en circulation une monnaie appelée écu, alors que la monnaie de compte appelée livre tournois était une monnaie fictive non matérialisée. Les échanges se faisaient en écu, alors que les équivalences étaient établies en livre tournois.

---

[17] M. ALLAIS, 1959, *"Cours d'Economie Générale, Tome I, Ecole Nationale Supérieure de Mines"*, Paris, p. 22, p. 290.

[18] *reale* utilisé dans le sens d'une matérialisation concrète, cité par J. SCHUMPETER (1), op. cit. p. 414.

Par ailleurs en Hollande, existaient le Florin et le florin de banque[19] (TURGOT, RICARDO).

Lorsque les deux fonctions de numéraire et d'étalon sont matérialisées dans des objets différents, il convient de comprendre les liens qui existent entre ces deux objets.

1.14. Etalon et conditions de référence

Nous avons vu que la valeur de tout bien ou service est exprimée comme une quantité de numéraire. Pour connaître la valeur de ces marchandises, il faut connaître celle du numéraire. Pour connaître celle-ci, il est nécessaire et suffisant de fixer l'étalon.

Sans cette précaution, il y a indétermination de la valeur dans l'absolu.

Pour lever cette indétermination, il faut fixer des conditions sur l'étalon en le rattachant à quelque chose de significatif et de concret aussi bien pour la collectivité concernée, que pour les autres avec lesquelles celle-là entend entreprendre des relations d'échange. Ces conditions sont désignées par ALLAIS[20], par " *les conditions de référence* ".

Il avait été précédemment établi l'existence et l'unicité de l'étalon. Ici, avec les conditions de référence, on déterminera la substance de cet étalon, en reliant celui-ci à une réalité concrète.

Définissant ces conditions de référence, ALLAIS[21] écrit :

" La conception d'une unité de compte définie abstraitement indépendamment de tout rapport avec la réalité économique serait en fait aussi absurde que d'établir comme unité de longueur, une longueur idéale que l'on croirait suffisamment définie en l'appelant mètre, sans la réaliser dans un corps déterminé. "

Abondant dans le même sens, TURGOT[22] disait : *"il n'y a pas d'étalon donné par la nature, il n'y a que l'étalon de convention et arbitraire."*

---

[19] Cf. A. R. TURGOT, op. cit. pp. 143-145.
[20] Cf. M. ALLAIS, op. cit.
[21] M. ALLAIS, op. cit. pp. 128-129.

ALLAIS[23] trouve que*" pour conventionnelle et arbitraire qu'elle soit, la définition des conditions de référence n'en demeure pas moins fondamentale. "*

Dans la pratique, tout comme l'or et l'argent ont servi de base concrète pour fixer la définition des étalons, dans certaines collectivités, le cauris a été utilisé pour la même raison.

Cependant, nous pouvons mieux comprendre SAY lorsqu'il se demandait pourquoi l'humanité s'est-elle donné tant de peine avec ce fétichisme de l'or, car *« un moment viendra, où l'on sera étonné qu'il ait fallu se donner tant de peine pour prouver la sottise d'un système aussi creux, et pour lequel on a livré tant de guerres [24]».*

Selon les époques, l'or, l'argent et le cauris demeurent des choix effectués suivant la préférence des collectivités. Toutefois, nous savons que le support matériel de l'étalon importe peu.

Pour conclure, l'étalon a la propriété d'être unique, conventionnelle, d'avoir un support matériel qui importe peu et peut même être immatériel.

1.15. Schéma des supports pour les instruments monétaires

Des différentes configurations possibles que peuvent prendre les instruments monétaires du numéraire et de l'étalon, il apparaît que quatre systèmes monétaires peuvent exister. Ces systèmes sont indiqués dans le schéma ci-dessous.

---

22 Cf. op. cit. p. 247.

23 Cf. M. ALLAIS, ibid.

24 J. B. SAY, op. cit. p. 172.

THEORIE GENERALE DU SUPPORT DE L'ETALON ET DES NUMERAIRES

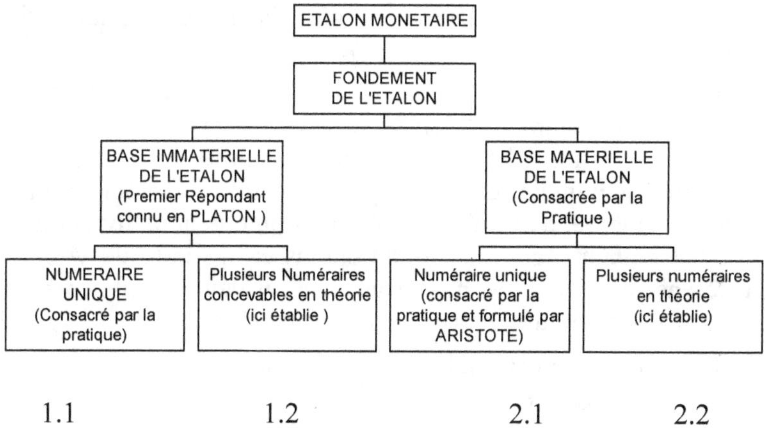

La branche 1.1 désigne un système monétaire fondé sur un étalon immatériel, et un numéraire unique. Nous attribuons l'idée de base immatérielle à Platon, car il ressort de nos analyses à la suite de Schumpeter que personne avant PLATON n'a annoncé avec autant de perfection, la possibilité de créer un système monétaire fondé sur une base immatérielle de l'étalon.

Le fonctionnement de la zone franc dans les pays africains montre en réalité que l'étalon de ces pays n'est pas matérialisé, mais est pris comme équivalent au FF. En effet, le FCFA qui y circule a une fonction de numéraire dont la valeur représente la cinquantième partie de cet étalon qui est le FF. Nous avons vu que ce numéraire a pu fonctionner au Mali en même temps qu'un autre numéraire appelé le FM (Franc malien) dont la valeur est fixée comme la centième partie de cet étalon.

Par ailleurs, plus loin de nous, cette branche trouve un autre exemple d'application en France au Moyen Age avec la Livre Tournois représentant l'étalon, et l'écu, le numéraire.

La branche 1.2 désigne un système monétaire dans lequel l'étalon est immatériel, pendant que plusieurs monnaies peuvent circuler en même temps.

En considérant l'exemple du Mali en 1984, lorsque le franc malien et le franc CFA circulaient en même temps dans ce pays, le premier valant 0,01 FF et le second 0,02 FF, les prix étaient exprimés indifféremment en FM ou en FCFA. Cependant, l'étalon de ce pays n'était pas matérialisé, mais était pris comme équivalent au FF.

La branche 2.1 désigne la voie suivie par ARISTOTE. L'or est en même temps l'étalon et aussi l'intermédiaire dans les échanges. Dès lors, l'unicité de l'étalon semble être doublée de l'unicité du numéraire sur un plan concret, en dehors d'une théorie élaborée, détachée de l'observation que nous livrent nos sens. Il devient dans ces conditions assez difficile de voir la différence conceptuelle qui existe entre ces deux instruments, et par conséquent entre leurs propriétés caractéristiques.

Dans un cadre d'actualité, cette branche 2.1 correspond à la situation en vigueur dans les grands pays développés : Angleterre, Etats-Unis, Japon, France et les autres pays membres de l'Euro, etc.

Il s'agit de pays où, comme l'écrit ALLAIS, *« la moneta apparaît comme la représentation matérielle de la monetie»*.

Dans ces pays, le prix et la représentation de la valeur coïncident

La branche 2.2 correspond par exemple à un système d'étalon (or par exemple). A côté de cet étalon, circulant aussi comme numéraire, existent d'autres matières, comme l'argent, le bronze dont les prix monétaires sont fixés en or, comme c'était le cas avec le système du bimétallisme.

Par ailleurs, à côté de ces deux métaux, peuvent exister aussi d'autres pièces pour des menus achats comme cela était le cas en France avec le bronze à côté de l'argent et de l'or.

1.16. Monnaie : moyen de paiement et moyen de réserve

1.16.1. Monnaie : moyen de paiement

Certains auteurs attribuent à la monnaie un rôle de moyen de paiement comme caractéristique de celle-ci. Nous allons montrer que ce rôle peut être déduit de la propriété de la monnaie en tant que numéraire.

En effet, par ce rôle de numéraire, la monnaie joue un double rôle de moyen de paiement :

- d'abord, on échange une quantité Q_{MA} de la marchandise *A*, contre une quantité N_1 de numéraire,

- ensuite, on échange cette quantité N_1 contre la quantité équivalente Q_{NB} de marchandise désirée *B*.

Donner une quantité de marchandise contre une quantité de numéraire, c'est vendre la marchandise. Par contre, donner une quantité de numéraire pour prendre possession d'une marchandise c'est acheter cette marchandise, c'est-à-dire être propriétaire de la chose achetée. On dit que le numéraire est un moyen de paiement avec pouvoir libératoire.

1.16.2. Monnaie : moyen de réserve de valeur

En cédant des marchandises, on peut accumuler des numéraires au cours du temps, c'est-à-dire accumuler des richesses sous forme monétaire, liquide. Avec cette richesse accumulée, on obtient au même moment un droit sur des biens. Ce droit peut s'exercer immédiatement ou faire l'objet d'une conservation en vue d'une utilisation ultérieure.

Par ce rôle de conservation, la monnaie est considérée comme possédant une propriété de réserve de valeur au cours du temps.

Par ailleurs, dans bien des situations, une dette monétaire d'un montant de francs contractée il y a vingt ans par exemple, est toujours comptabilisée et remboursée pour ce montant. Le montant nominal de la dette est conservé dans le temps.

Mais étant donné que cette dette est exprimée en quantité de numéraires et qu'entre-temps, il est possible que le pays change de numéraire, il convient de savoir, au cours du temps, quelle est la meilleure façon convenable d'exprimer la valeur de cette dette.

Dans l'expérience qu'a connue le Mali en 1984, après la substitution du FCFA au FM, une dette de cent mille francs maliens était comptabilisée et remboursée pour cinquante mille FCFA. On comprend aisément que ces deux montants véhiculés par deux numéraires distincts traduisaient la même valeur nominale qui est de mille FF, c'est-à-dire mille unités de compte.

D'où l'intérêt de connaître la meilleure formulation des montants en numéraires au cours du temps pour conserver la valeur nominale au cours du temps.

Par ces deux propriétés de moyen de paiement et de réserve de valeur, à un moment donné et au cours du temps, il est évoqué, dans la littérature, la nécessité de disposer de monnaie en quantité suffisante, pour assurer toutes les transactions de façon satisfaisante, tout en évitant d'en émettre en quantité trop abondante.

En effet, l'excès d'émission de monnaie provoque l'inflation, et celle-ci crée une perte de pouvoir d'achat de la monnaie, donc une perte de confiance dans la monnaie.

Il reste clair que la propriété de réserve de valeur concerne la monnaie en tant qu'étalon, et non pas la monnaie en tant qu'intermédiaire dans les échanges, un intermédiaire qui peut être remplacé par un autre.

1.17. Réserve de valeur et pouvoir d'achat de la monnaie

Ces deux notions de réserve de valeur et de réserve de pouvoir d'achat sont souvent désignées comme étant des propriétés de la monnaie.

Dans le cas général étudié précédemment, si le rôle de réserve de valeur au cours du temps est assuré par la monnaie de compte, l'étalon ou le bien support, cela ne signifie nullement que le pouvoir d'achat de la monnaie est de fait assuré.

En effet, si la valeur nominale de la richesse est assurée en quantité d'étalon, une même quantité d'étalon, au cours du temps, compte tenu de l'inflation qui se manifeste continuellement, peut permettre de se procurer de moins en moins de biens. Donc le pouvoir d'achat d'une richesse n'est point garanti par le maintien de sa valeur nominale.

Dans l'histoire, l'or a été souvent désigné comme possédant ces deux caractéristiques de réserves de valeur et de réserve de pouvoir d'achat.

Il convient de remarquer, que l'or, produit désiré et coûteux, soumis aux lois de l'offre et de la demande, subit des influences affectant les deux côtés du marché.

Si la production d'or ou son offre est inférieure à sa demande, il y a une tendance à l'augmentation de son pouvoir d'achat en des biens dont l'évolution des prix est relativement plus faible que celle intervenue pour le prix de l'or. Ainsi, l'or apparaît-il dans des périodes de ralentissement de l'offre par rapport à la demande comme réserve de pouvoir d'achat.

Cependant, en cas de production ou d'offre massive d'or, les prix des autres produits augmentent et le pouvoir d'achat peut être mieux défendu par des instruments autres que l'or.

1.18. Moyen de paiement : monnaie, crédit, chèque, lettre de change, dépôts à terme et dépôts courants

Nous avons vu que la monnaie, lorsqu'elle joue le rôle de numéraire, apparaît en fait comme double moyen de paiement. Ce rôle vient de sa caractéristique d'intermédiaire dans les échanges et tient plutôt à la *moneta* qu'à la *monetie* (étalon) qui, comme cela a été établi, peut non seulement être non matérialisé mais en plus être interdit à la détention par le public (cas aux USA avec l'or dans les années 1930).

Ce rôle d'intermédiaire aurait-il pu être mieux assuré par d'autres instruments ? Bien sûr que la réponse à cette question paraît évidente, car pour peu que la collectivité l'eût décidé, tout autre instrument de son choix aurait pu être utilisé comme numéraire en remplacement total ou partiel du numéraire en usage.

C'est ainsi que des pays sont amenés à changer de monnaie comme par exemple la France en 1958, le Mali en 1983-84. Cependant, dans tous les cas, si la matière peut être échangée, le rôle d'intermédiaire reste en revanche inchangé et spécifique au numéraire choisi.

Quant au rôle de moyen de paiement, l'échange peut être assuré contre remise de la quantité nécessaire de monnaie de transaction, ou encore contre remise d'une promesse de payer une certaine somme à une date donnée : c'est l'achat à crédit. Donc ce rôle n'est pas spécifique au numéraire.

1.19. Moyen de paiement, crédit et monnaie

Etant moyen de paiement, le crédit peut-il être considéré comme une monnaie ?

Dans la littérature, certains auteurs pensent que le crédit, moyen de paiement, est aussi une monnaie. C'est ce qui explique l'élargissement de la notion de masse monétaire pour la prise en compte de tout instrument de paiement. Cependant, nous avons vu que le rôle de paiement est dérivé de la fonction d'intermédiaire que joue le numéraire lors des échanges.

Malgré la facilité de paiement qu'assure le crédit, celui-ci est loin de constituer un intermédiaire dans les échanges et encore moins de constituer la référence des valeurs lors des équivalences. Donc aucune des principales fonctions de la monnaie n'est assurée par le crédit, par conséquent, celui-ci ne saurait être considéré ni comme numéraire et encore moins comme étalon.

II. LES ÉCHANGES ENTRE COLLECTIVITÉS CO-ÉCHANGISTES

2.1. Introduction

Dans cette partie, nous envisageons de mettre en relation d'échanges plusieurs collectivités coéchangistes, chacune d'elles étant caractérisée par son système d'échange comprenant son unité de compte, base des équivalences en son sein, et son numéraire ou éventuellement ses numéraires.

Ce faisant, de nouvelles relations entre les instruments monétaires apparaissent, notamment les relations d'équivalence entre les étalons nationaux.

Si les numéraires à l'intérieur d'une même collectivité sont comparables entre eux avec l'étalon qui sert à définir leur contenu, il convient de savoir que l'on ne peut comparer le numéraire d'un pays avec le numéraire d'un autre pays.

Lorsqu'un opérateur *A* d'une première collectivité envisage de se mettre en relation avec un opérateur *B* d'une autre collectivité, l'agent *A* devra transformer le montant des numéraires qu'il détient en quantité d'étalons de son pays, puis sur base d'équivalence, il devra se procurer la quantité d'étalons de l'autre collectivité (devises) afin de procéder au règlement de ses achats auprès des ressortissants de ce pays.

Donc à l'extérieur de la collectivité qui l'a émis, l'étalon est échangé contre sa valeur définie dans les conditions de référence générale.

Les présentes analyses permettent ainsi de se prémunir contre des types d'erreurs relevées dans l'histoire économique en matière de comparaison des instruments monétaires ainsi que nous le rappelle RICARDO[25] dans les termes qui suivent :

" Lorsqu'il s'agit de change et de la valeur comparative de l'argent entre deux pays il ne faut nullement considérer la valeur relative du numéraire, estimée en denrée. Jamais le taux de change ne peut être déterminé en comparant la valeur de l'argent avec celle du blé, du drap, ou de tout autre produit. L'échange (le taux de change) n'est que la valeur de la monnaie d'un pays comparée à la valeur de la monnaie d'un autre pays. [ ] On peut encore connaître le taux de change entre deux pays en comparant la valeur de leur monnaie avec une mesure fixe, et commune aux deux pays ".

Il est donc important pour la discipline de l'Economie Scientifique en construction de savoir capitaliser les expériences passées en conformité avec la stratégie mise en place pour ce faire.

De plus, nous verrons plus loin les actions qui peuvent conduire à une telle confusion que redoute RICARDO et qui renvoie à l'examen des types de relations qu'il est possible d'établir entre les instruments monétaires, étalons et numéraires.

2.2. Conditions de référence générale

Considérons les différents étalons des collectivités échangeant entre elles.

[25] D. RICARDO, *"Des principes de l'Economie politique et de l'Impôt"*, Sciences Flammarion, p. 128

Le besoin pour ces collectivités de procéder entre elles à des échanges libres et volontaires entre elles exige que des équivalences puissent être établies entre leurs étalons.

Soit E_i pour i = 1 à P, P étalons, et soit P nombres réels strictement positifs a_i (pour i = 1 à P), désignant des quantités de ces étalons de telle manière que ces différentes quantités « de choses différentes » soient équivalentes entre elles.

Pour noter cette équivalence entre ces étalons on écrit :

$(a_1 * E_1)\ R\ (a_2 * E_2)\ R\ (a_3 * E_3)\ R\ (a_4 * E_4)\ R\ (a_p * E_p)$

Ce qui suppose, en vertu de l'équivalence absolue, l'existence d'une $(p+1)^{\text{ème}}$ chose, qui est appelée étalon international E (Etalon international ou général ou universel) et d'un réel k tel que chacun des termes de la chaine l'équivalence ci-dessus soit équivalente à $(k*E)$ la quantité d'étalon universel qui représente leur valeur commune. Ce qu'on note comme suit :

Pour tout i,

$(a_i * E_i)\ R\ (k*E)$

k est appelé la valeur commune des $a_i * E_i$

La pratique d'un tel système a existé au début du siècle jusqu'en 1914 avec E représenté par l'or, et par le fait que :

$[E_i]\ R\ [(k/a_i) * E]$

Le coefficient de proportionnalité entre Ei et E, noté :

$(k / (a_i)$

Ce coefficient définit la quantité fixe d'or qui correspond à la parité déclarée de l'étalon E_i par rapport à l'or.

Cette déclaration est un fait d'autorité relevant d'un droit régalien.

Il apparaît donc que le système d'étalon tel qu'il vient d'être ici conçu n'est révélé que par la théorie. Lorsque l'or sert de référence commune à tous les étalons nationaux, le système prend le nom de système d'étalon-or théorique.

En réalité, ce système d'étalon-or a comme été découvert par hasard dans la pratique et il a été désigné par le nom de système d'étalon-or, un système qui aura disparu avec la première guerre mondiale.

Cependant, dans la réalité ce système n'a pas connu un fonctionnement conforme à la théorie du fait du rôle privilégié que la Livre Sterling[26] avait joué aux côtés de l'or.

2.3. Monnaie : échanges internationaux et troc

Lorsqu'un agent désire entrer en possession d'un bien à l'étranger, il doit d'abord procéder à une première conversion d'un montant de numéraires en une quantité de l'étalon national, corrigée éventuellement de frais et divers agios. Ensuite, compte tenu des conditions de référence des monnaies de compte entre elles, il doit échanger cette quantité de l'étalon national en une quantité de l'étalon étranger désiré.

Il apparaît donc, que le numéraire, qui sur le plan national est utilisé de façon unanime (dans les conditions économiques normales) sur simple base de confiance comme équivalent au bien support le garantissant, doit prouver à l'extérieur sa valeur en ayant été transformé en quantité d'étalon national qui à son tour n'est acceptée à l'étranger qu'en équivalent de quantité d'étalon étranger donnant droit sur les biens étrangers désirés.

L'étalon, encore moins le numéraire, à l'extérieur, n'est pas accepté sur base de confiance, mais pour la valeur concrète qu'il représente.

Ainsi, les échanges de biens et services entre ressortissants de pays n'appartenant pas au même territoire monétaire se ramènent à des opérations de troc, qui par essence sont limitatives du fait des contraintes qui ont déjà été identifiées.

De plus, les implications des opérations d'échange des biens entre pays n'appartenant pas à un même territoire monétaire induisent des effets monétaires à travers les conditions de référence.

Ainsi, les conditions de règlement influencent les quantités de numéraires en circulation dans les pays en modifiant la

---

26 Le lecteur intéresse par les schémas de représentation du fonctionnement du système monétaire international peut se référer à L.KEITA, « La Théorie économique du XXIème siècle… », pp. 92 - 100.

quantité de biens supports servant de gage aux monnaies nationales circulantes. Ces implications qui sont suffisamment connues dans l'économie empirique ne sont pas traitées ici.

III. LES ÉLÉMENTS FONDATEURS DE L'ÉCONOMIE SCIENTIFIQUE

L'observation minutieuse des transactions au sein d'une collectivité d'échanges a permis de mettre au point des instruments que nous allons utiliser pour définir des concepts permettant d'‘établir le fondement de l'Economie Scientifique.

Nous allons maintenant chercher à identifier ces concepts, pour ensuite les définir et, en cas de nécessité, les caractériser.

3.1. Principaux concepts élaborés : identification et définition

Le concept d'Economie Scientifique désigne la discipline scientifique chargée de l'étude (de la valeur) des biens et services au cours des échanges libres et volontaires au sein d'une collectivité humaine donnée.

Cette discipline a pour objet l'étude (de la valeur) des biens et services au cours des échanges libres et volontaires au sein d'une collectivité humaine donnée.

La valeur est la caractéristique de l'objet sur laquelle porte la mesure dans cette discipline.

L'instrument de mesure utilisé pour mesurer cette caractéristique est le numéraire, qui joue le rôle d'intermédiaire dans les échanges.

Par ce rôle d'intermédiaire dans les échanges, le numéraire fournit aux coéchangistes une mesure commune de la valeur du produit ou service échangé en quantité de numéraire appelée prix. Une fois le prix connu, les coéchangistes décident du dénouement de l'opération d'échange.

Le numéraire ainsi que la valeur de l'objet échangé sont exprimés en quantité d'étalon, ou d'unité de compte, ou d'unité de valeur dans la collectivité.

La valeur du numéraire est quelquefois prise égale à l'unité d'étalon. Dans ce cas, le prix et la valeur coïncident. Dans le cas contraire où cette valeur est différente de l'unité, alors prix et valeur ne coïncident pas.

Par définition, le prix exprime une valeur d'échange, une valeur relative qui correspond au rapport de la valeur de l'objet échangé à la valeur du numéraire utilisé. Il indique la quantité de la valeur du numéraire qui est contenue dans la valeur de l'objet échangé.

L'objectif de la discipline économique est d'assurer le développement de la valeur des activités d'échanges dans la collectivité prise dans son ensemble.

L'action publique a pour finalité de renforcer la valeur des activités d'échanges dans la collectivité. Elle doit donc être créatrice nette de valeur. L'efficacité de son impact est mesurable au moyen du numéraire et la valeur de cet impact est exprimée en quantité d'étalon.

3.2. Monnaie : une appellation empirique conflictuelle

Il importe de remarquer que le mot « monnaie », une appellation empirique d'origine lointaine dans les théories économiques ne ressort pas directement comme un concept dans les présents travaux.

En effet les présentes analyses montrent que la monnaie est une appellation empirique à laquelle correspondent deux concepts théoriques, à savoir d'une part le rôle d'intermédiaire dans les échanges ou de numéraire, et d'autre part le rôle d'étalon.

Par le premier rôle, celui de numéraire, la monnaie est une marchandise conventionnelle au coût négligeable qui sert d'intermédiaire dans les échanges, un moyen de fournir aux coéchangistes la mesure commune de la valeur de l'objet échangé.

En revanche, par le second rôle, celui d'étalon, la monnaie est une unité conventionnelle de valeur dans une collectivité d'échanges donnée.

Par conséquent, deux fonctions contradictoires sont attribuées en même temps à la même appellation empirique de monnaie. Ce faisant, pour éviter toute confusion dans l'utilisation spécifique du sens du mot monnaie, l'utilisation du concept approprié selon le contexte sera préférée à l'usage du mot « monnaie » dans ce livre.

3.3. Les implications liées à l'adoption des concepts

3.3.1. Caractéristiques de l'Economie Scientifique

L'Economie Scientifique est fondamentalement une science de mouvement, une science dynamique. Ce cadre dynamique ne doit pas être confondu avec l'hypothèse théorique d'un cadre figé et atemporel auquel serait adjointe ou surajoutée une variable explicative représentant le temps afin de rendre dynamique quelque chose qui était statique.

Au contraire, l'Economie Scientifique intègre des actions qui s'entretiennent dans la durée selon un mécanisme capable d'entretenir le mouvement comme on le prouvera par la suite.

3.3.2. La caractéristique principale de l'étalon

L'étalon est la définition conventionnelle de l'unité de valeur dans une collectivité d'échanges donnée. Son support matériel importe peu, car il peut être immatériel, et, lorsqu'il est matérialisé le choix du support matériel importe peu. C'est ainsi que l'on comprend pourquoi dans l'histoire, il y a eu des étalons immatériels et également des étalons fondés sur l'or, la terre cuite ou des coquillages.

3.3.3. La caractéristique principale du numéraire

La caractéristique principale du numéraire est d'être une marchandise représentant une valeur peu coûteuse qui rend comparable la valeur des objets échangés au sein de la collectivité.

La quantité de numéraire exprimée à travers le prix indique la mesure de cette valeur dans le numéraire utilisé.

Dans ces conditions, lorsque deux numéraires se trouvent en circulation, le numéraire le moins coûteux jouerait le meilleur rôle de numéraire.

C'est ainsi que, lorsque vous disposez de deux billets de banque de valeur identique, vous serez plutôt tenté, lors d'un achat, de céder en priorité le billet le plus usagé.

De plus, lorsqu'une pièce métallique en circulation contient une certaine dose de métal d'usage courant, et si avec le temps, cette dose de métal arrive à prendre de l'importance, alors il faudrait prendre garde pour que cette pièce ne disparaisse de la circulation pour être objet d'usages autres que monétaires.

En effet, une telle pièce pourrait finir par perdre la propriété de valeur peu coûteuse. On pourrait se rendre compte de cette situation en constatant qu'une telle pièce, au lieu d'être utilisée pour acquérir d'autres biens, devient un bien recherché pour lui-même et gardé par les nouveaux acquéreurs. Par conséquent, elle finit par disparaître de la circulation et elle ne sera plus en mesure de jouer son rôle monétaire.

IV. LES INSTRUMENTS MONÉTAIRES

Nous savons que toute collectivité d'échanges dispose d'un étalon, que notons par exemple (E_1) et d'un ou de plusieurs numéraires notés par (N_{11}, N_{12}).

Nous retenons pour une seconde collectivité d'échanges les mêmes instruments monétaires notés respectivement par E^*_2, N^*_{21} et N^*_{22}.

Il est possible de modifier les relations entre l'étalon national d'un pays et les étalons étrangers des autres collectivités, mais il est également possible de créer, au sein d'une collectivité, des numéraires en plus de ceux qui y circulent, chaque numéraire étant défini par une relation spécifique avec l'étalon.

Au préalable, après avoir compris le rôle et les caractéristiques des instruments monétaires, il importe de comprendre le type de manipulation dont ils peuvent être sujets afin de savoir, prioritairement à telle fin ou à telle autre, quel est le type de manipulation à opérer. De plus, une telle approche permet de décomposer les pratiques observées en un nombre limité de manipulations théoriquement établies et ainsi d'analyser efficacement les conséquences de ces pratiques.

Ainsi au chapitre suivant, nous allons procéder à l'examen des manipulations d'instruments monétaires et à leur analyse.

V. TYPES DE MANIPULATIONS MONÉTAIRES THÉORIQUEMENT ENVISAGEABLES

5.1. La création de numéraire et changement de numéraire

Lorsqu'un numéraire est en circulation, la collectivité peut juger utile de créer un nouveau numéraire en plus de l'ancien ou en remplacement de celui-ci. La mise en circulation d'un nouveau numéraire est une création d'un nouveau numéraire. Lorsque cette création est suivie du retrait de la circulation du premier numéraire, on dira que la collectivité change de numéraire.

Le numéraire étant défini par son contenu comme une quantité d'étalon, nous notons comme suit, le premier numéraire de la première collectivité :

$$N_{11} = \alpha_1 * E_1$$

E_1 désignant l'étalon, et α_1 étant un nombre réel positif désignant son contenu en étalon.

La décision de création du nouveau numéraire N_{12} correspond à une définition fixant le nouveau contenu pour le numéraire et qui s'écrit :

$$N_{12} = \alpha_2 * E_1$$

α_2 étant un nombre réel positif qui peut être plus petit ou plus grand que α_1.

En effet, le nouveau numéraire peut être choisi plus grand ou bien plus petit.

Cette décision définissant le numéraire est purement interne au pays et économiquement neutre. Elle définit le numéraire nouvellement créé et présente pour conséquence la modification de la manière de compter la valeur des objets échangés dans l'économie.

Nous allons vérifier, dans l'histoire économique de la France et du Mali l'existence de cas de création de numéraire, de changement de numéraire ou encore de mise en circulation concomitante des instruments monétaires créés.

5.1.1 Expériences de changement de numéraire dans l'histoire économique de la France

a. La création du nouveau franc en 1958 :

En 1959, la France a mis en circulation le nouveau franc, noté FF qui vaut 100 fois l'ancien franc. Ce FF a eu cours en France depuis cette date jusqu'à la mise en circulation de l'Euro qui l'a remplacé le 31 janvier 2002.

Il faut rappeler que cet ancien franc émane d'un franc créé pour la première fois en 1360 en étant défini par référence à la Livre Tournois. Il a gardé cette référence jusqu'au décret du 18 germinal an III (7 avril 1795)[27], date à laquelle il remplace la Livre comme unité de compte monétaire ; la Livre désignant la dénomination officielle de la Livre Tournois adoptée après la Banqueroute du Système de Law en 1720), et en instaurant le système décimal.

Cette définition fait justement du franc (germinal) l'étalon et en même temps le numéraire représentant la matérialisation de cet étalon de 1795 jusqu'en 1958.

Par conséquent, la France en 1959, en mettant en circulation le nouveau franc ou le franc lourd noté FF, a non seulement créé un nouveau numéraire, c'est-à-dire une nouvelle façon de compter la valeur des biens et services dans la collectivité, mais en plus elle a changé d'unité de valeur, la nouvelle unité étant 100 fois plus importante que la précédente.

Le nouvel étalon a remplacé dans ses rôles l'ancien, qui est devenu le centime.

[27] Source : article « *Livre Tournois* » de WIKIPEDIA, l'Encyclopédie Libre en français, consulté le 23 juin 2016.

Par cette création de numéraire, la France a changé la façon de compter la valeur des biens et services, et en plus, d'unité de valeur, c'est-à-dire d'étalon de valeur.

b. La création de l'Euro en France et dans les autres pays européens membres de l'euro (1999)

Le 31 janvier 2002, la France a mis en circulation l'Euro en remplacement du FF sur la base de 1 Euro pour 6,55957 FF.

Avant cette date, et de la période du 1 janvier 1999 jusqu'au 31 janvier 2002, le FF a continué à coexister avec l'euro.

Il apparaît donc qu'au cours de cette période, la France a renoué avec une pratique d'avant 1795, qui a consisté à définir sa monnaie par rapport à une référence externe.

En effet, avant cette date, le Franc était défini par rapport à la Livre tandis qu'à partir du 1er janvier 1999 jusqu'au 31 janvier 2002, le FF était défini par rapport à l'Euro.

Pendant cette période intérimaire, le FF aura cessé de jouer le rôle d'étalon en devenant désormais un numéraire, tout comme le mark, la lire ou le FCFA dans les espaces où ces instruments avaient cours.

La valeur de ce numéraire est fixée en quantité non unitaire d'étalon, avec 1 Euro = 6, 55957 FF ou ce qui revient au même 1 FF = 1/6,55957 soit 1 FF = 0,152449 Euro.

L'Euro, l'étalon du pays a la valeur unitaire.

Après la disparition le 31 janvier 2002 du franc de la circulation, la France, comme les autres pays membres de l'Euro, retrouve sa situation habituelle d'un étalon représenté par un numéraire de valeur unitaire.

En prévision de cet avènement de l'euro, des campagnes de sensibilisation avaient cours en France et même partout dans les pays européens membres de l'Euro à la fin de l'année 1999.

Il s'agissait, à travers ces campagnes, de permettre aux futurs utilisateurs de passer d'une expression des prix en monnaie nationale vers une autre expression des prix en euro.

Pendant cette période intérimaire, le prix et la valeur ont cessé de coïncider en France comme dans les autres pays membres de l'Euro. Cependant, l'intérêt théorique de ce changement était peu connu au regard des préoccupations pratiques en matière de communication autour d'une politique communautaire tant souhaitée.

C'est ainsi que chacune des monnaies des pays membres, devenue simple numéraire, était définie par une parité fixe et déclarée définitive par rapport à l'euro.

A partir du 31 janvier 2002, comme en 1958, la France a non seulement changé la façon de compter la valeur des biens et services en adoptant un nouveau numéraire d'une plus grande valeur que le précédent, mais en plus, elle a changé d'unité de valeur, c'est-à-dire d'étalon de valeur.

Dans ces différents exemples français, la politique de changement de la façon de compter la valeur des biens et services est souvent doublée du changement de l'étalon et donc de la valeur.

Cependant, sur la période intérimaire du 1er janvier 1999 au 31 janvier 2002, la France a changé d'étalon de valeur en adoptant l'Euro, mais avait conservé son numéraire (le FF) qui n'était plus la représentation matérielle de l'étalon représenté par l'euro. En effet, cet étalon qui n'était pas encore matérialisé était fictif avant d'être réalisé dans un matériel et progressivement introduit en remplacement des anciennes monnaies nationales des pays membres de l'euro.

5.1.2. Expérience du changement de numéraire au Mali de 1983 à 2002

En 1983, le Mali avait comme numéraire le Franc Malien fixé sur la base de 1 Franc Malien = 0,01 FF. L'étalon en vigueur étant le FF.

En 1984, en plus du Franc Malien, le pays a mis en circulation le Franc CFA sur la base de 1 FCFA = 0,02 FF.

Les deux monnaies ont circulé ensemble pendant une période d'adaptation et les prix étaient exprimés simultanément dans les deux numéraires.

Le contenu du premier numéraire étant la moitié du contenu du deuxième, il apparaissait qu'un prix de 1000 FM était également affiché pour 500 FCFA, ce qui permet de constater que les deux expressions de prix dans les deux numéraires circulants coïncident bien avec la valeur commune de 10 étalons (10 FF).

De même un salaire de 100 000 FM était payé pour son équivalent de 50 000 FCFA, le tout représentant une valeur de 1000 étalons, c'est-à-dire 1000 FF.

Par la suite, seul le FCFA a continué à circuler et le FM a été retiré de la circulation. On dit que le pays a changé de numéraire.

Ici, contrairement au cas français, le Mali a changé la façon de compter la valeur des biens et services en adoptant le numéraire FCFA, mais il n'a pas changé d'étalon de valeur qui est toujours exprimé en FF.

De la même manière, avec l'avènement de l'euro en 2002 et sa substitution au FF, le Mali a continué d'utiliser le même numéraire le FCFA, mais la valeur de celui-ci était exprimée en Euro, le nouvel étalon. Dans ce cas, on dit que le pays n'a pas changé de numéraire, mais a changé d'étalon de valeur dans l'économie.

Au Mali, le Franc Malien a été progressivement retiré de la circulation puis remplacé par le FCFA en 1984. On dit que le Mali a changé de numéraire. C'est dans ce contexte que la valeur des biens et services désormais exprimée dans un numéraire de valeur deux fois plus grande que celle de l'ancien, était exprimée par un chiffre deux fois plus petit.

La manière de compter la valeur des biens et services a changé mais pas la valeur qui est restée fixée en quantité de FF.

Sur la période analysée, le Mali a créé deux numéraires, changé de numéraire et mis en circulation en même temps ces deux numéraires avant de retirer de la circulation le premier.

Au même moment, il a changé de numéraire sans changer d'unité de valeur, comme en 1984, puis, sans changer de numéraire, il a changé d'unité de valeur en 2002, le nouvel étalon étant l'euro qu'il partage en commun avec la France ainsi que tous les autres pays africains membres de la zone franc.

Il est donc important que ces différentes situations monétaires vécues en pratique soient connues dans leur dimension théorique afin d'éviter des erreurs de manipulation possibles, susceptibles d'être commises sur ces instruments et d'affecter, sans s'en rendre compte, le fonctionnement normal de l'économie.

5.2. La création monétaire

La création monétaire est une opération qui permet d'accroître la quantité de monnaie en circulation. Elle peut être le fait de l'institution d'émission ou du reste du système bancaire. Cette pratique, qui est suffisamment connue dans les expériences historiques, n'est pas reprise ici.

5.3. La dévaluation de l'étalon

Un pays peut modifier, comme nous l'avons étudié, la définition de la parité déclarée de son étalon. En ce moment, c'est la définition de l'étalon qui change et ce faisant, ses relations avec les autres étalons étrangers changent. Cette pratique est suffisamment apparue dans les expériences historiques pour qu'il ne soit pas nécessaire d'y revenir à conditions toutefois de savoir quel est le type d'instrument qui sert d'étalon ou de numéraire afin d'éviter le type de confusion que redoute RICARDO et contre lequel il a mis en garde.

VI. EXPÉRIENCES HISTORIQUES DE MANIPULATIONS D'INSTRUMENTS MONÉTAIRES : ANALYSE ET LEÇONS À TIRER

6.1. Introduction

Après avoir mis en place les instruments monétaires et examiné en théorie les types de manipulations qui peuvent être logiquement conduits, nous allons identifier, à travers l'histoire des pays, des pratiques de manipulations afin de les analyser pour en faire ressortir les aspects les plus caractéristiques dans le cadre de l'Economie Scientifique.

C'est ainsi que, en raison de leurs vertus pédagogiques extrêmement fortes, nous avons choisi de nous intéresser à deux exemples, le premier dans l'histoire lointaine de la France du

Moyen Age et le second dans l'histoire contemporaine du Mali de 1974 à 1995.

Ces deux exemples sont examinés afin d'identifier les avantages liés à ces pratiques et qu'il faut renforcer, ainsi que les insuffisances qu'il faut chercher à éviter.

Le résultat attendu de l'examen de ces pratiques était de voir dans quelle mesure l'Economie Scientifique pourrait capitaliser ces expériences, comme à l'image des autres sciences, afin de marquer des progrès importants en s'enrichissant des erreurs passées.

En effet, si des erreurs ont pu être commises par le passé, nous estimons que les auteurs de ces erreurs croyaient certainement bien faire et que par conséquent, rien ne peut donc nous garantir contre ces mêmes erreurs si nous ne savons pas les causes qui y conduisent.

Par conséquent, si l'histoire doit pouvoir nous enseigner, elle ne pourra le faire que si nous apprenons à identifier les causes des erreurs passées afin d'éviter d'avoir à les reproduire et, ce faisant, à nous en imposer à nouveau leurs conséquences sociales désastreuses.

Il ne s'agira donc pas, pour nous, d'incriminer nos devanciers qui nous auront enrichis de leurs erreurs dès lors qu'en plus, nous nous donnons les moyens de bénéficier de la justesse de leurs points de vue lorsque ceux-ci nous auront paru pertinents.

De plus, il est certainement facile de constater que nous sommes dans les présents travaux redevables, aux plus illustres de nos devanciers, de plusieurs des acquis que nous avons cumulés.

6.2. Examen des impacts de la manipulation des instruments monétaires par le Roi au Moyen Age en France

6.2.1. La confiscation monétaire du roi dans l'économie du Moyen Age en France

Ce chapitre traite d'un exemple des pratiques décrites par deux auteurs RICHARDOT et ALLAIS dans la France du Moyen Age.

Pour cette époque, RICHARDOT[28] fait remarquer l'existence de deux niveaux dans ce système monétaire médiéval français.

Au niveau supérieur, celui *« des pièces d'or ou d'argent et du haut billon, le roi, conseillé par la Cour des monnaies, fixait par édit leurs cours, et elles ne portaient pour cette raison aucune indication de valeur »*.

Au niveau inférieur, il montre que : *« les bas billons qui correspondaient traditionnellement à un nombre fixe d'unités de comptes admis par le public, servaient dans les menus achats quotidiens et le paiement des salaires»*.

Il en résultait, écrit-il, que « *le roi ne pouvait modifier leur valeur sans les retirer de la circulation pour les refrapper avec une quantité de métal correspondant. [ ] Le lien, entre la monnaie de compte (Livre Tournois) et les pièces de bas billon était d'une importance capitale en cas de dévaluation dans la France du XVIe siècle.* »

Dans le même ordre d'idée, pour la même période, ALLAIS précise qu'en France au Moyen Age, le prix et la valeur ne coïncidaient pas contrairement aux économies auxquelles l'Europe est aujourd'hui habituée. Il y avait la livre tournois et l'écu. Pendant que la première était une monnaie fantôme, non matérielle, la seconde était matérielle et définie comme une quantité de livre tournois fixée par le Roi.

Il précise également qu'en modifiant le rapport entre ces deux monnaies dans le sens d'un affaiblissement de l'écu, le Roi procédait au retrait des écus de la circulation et à leur refrappe pour les rendre compatibles avec leur nouvelle définition.

Le gain de métal précieux récolté à la suite de cette opération nourrissait le budget de guerre du Roi et provoquait des bouleversements sociaux qui étaient violemment réprimés.

En analysant les éléments historiques fournis dans ces textes au moyen des concepts ici élaborés, nous comprenons que l'étalon est représenté par la Livre Tournois. Cet étalon

---

[28] Hubert RICHARDOT, 1963, *"Histoire des Faits Economiques"*, Dalloz, pp. 198-202.

n'est pas matérialisé mais plutôt défini par le Roi au moyen de ses édits.

En revanche, plusieurs numéraires qui sont définis dans des matières dites de bas billons (cuivre, bronze, etc.) comme quantité d'étalon, c'est-à-dire de Livres Tournois, avaient cours.

Lorsque le Roi avait besoin de ressources, il définissait de nouveaux liens entre les numéraires et l'étalon dans le sens d'un affaiblissement des numéraires représentés par les bas billons ou l'Ecu.

Ainsi il récupérait les anciennes pièces de numéraires pour les refrapper en conformité avec leurs nouvelles définitions. Il récupérait au passage les gains en métaux précieux qui nourrissaient son budget de guerre quand, au même moment, il réprimait les bouleversements sociaux qui en résultaient avec la violence que l'époque justifiait.

Il est donc important de pouvoir formaliser ces pratiques historiques afin d'en faire un objet d'étude et de vérifier la pertinence des concepts en cours d'élaboration.

Une telle analyse en grandeur nature est certainement préférable à des hypothèses théoriques qui ne seront peut-être jamais réalisées ni suffisamment pertinentes pour présenter un intérêt pour la collectivité. En effet, il importe de bien connaître le passé afin d'éviter éventuellement d'avoir à reproduire de nos temps des pratiques moyenâgeuses dangereuses que l'histoire aurait pu bien nous enseigner d'éviter.

Ce faisant, considérant la première définition de l'ECU, nous pouvons exprimer cette définition par la relation suivante :

$1\ ECU = \alpha_1 * Livre\ Tournois$, α_1 étant un nombre réel positif.

L'affaiblissement de l'écu après la décision de le modifier est indiqué par la relation qui s'écrit :

1 ECU = α_2* Livre Tournois avec α_2 un nombre réel positif et

$\alpha_2 < \alpha_1$.

Notons Q la quantité de numéraires qui était en circulation. La valeur initiale de cette quantité en circulation notée V_0 s'écrit :

$V_0 = Q*ECU$

Soit, en valeur : (quantité de Livres Tournois)

$V_0 = Q^* \alpha_1$.

En récupérant la quantité de Q numéraires pour les refrapper en conformité avec leur définition, alors la nouvelle valeur de ces Q numéraires en circulation, notée V_1 s'écrit :

$V_1 = Q^* \alpha_2$

avec

$\alpha_2 < \alpha_1$.

La valeur du gain monétaire récupéré par le Roi, noté Gain s'écrit simplement :

$Gain = V_0 - V_1 = Q^*(\alpha_1 - \alpha_2)$

Ce gain monétaire du Roi est prélevé sans exception sur la détention monétaire de tout individu placé sous son autorité, ce qui montre que la manipulation de l'instrument monétaire a une portée globale, générale, immédiate, sans exclusive sur toute l'économie.

De plus, facile à mettre en œuvre avec efficacité, cette mesure ne présente pas un coût administratif élevé, en dehors des coûts de retrait et de refrappe des pièces.

A titre d'illustration, pour une quantité Q de 100 milliards de numéraires en circulation et un taux d'affaiblissement du numéraire de 10%, la confiscation monétaire au profit du Roi atteint une valeur de 10 milliards.

a. Analyse approfondie de la mesure de confiscation

... une hausse (virtuelle) des prix, qui ne résiste pas à l'analyse et qui cache en réalité une baisse ...

Nous allons analyser cette mesure qui a été appliquée dans un cadre médiéval afin de savoir, comment nous pourrons nous en inspirer dans un cadre d'une économie de liberté, nous pourrons être inspirés pour adopter une politique conforme aux aspirations actuelles de liberté et de respect des droits des populations.

Nous utiliserons les concepts élaborés pour chercher à mieux comprendre la réalité, qui est souvent plus complexe que la théorie. Cependant, une théorie bien élaborée doit permettre de décomposer la réalité en un ensemble de thèmes limités et cohérents, faciles à comprendre et susceptibles de fournir des explications simples de cette réalité de manière claire et complète.

A titre de simplification, nous considérons les anciens numéraires comme un seul ancien numéraire et les nouveaux comme un seul nouveau numéraire.

L'analyse de la mesure montre en réalité que le Roi a créé un nouveau numéraire qui aurait pu exister en même temps que l'ancien et sans nécessiter de reprendre les anciens numéraires et les refrapper en conformité avec leur nouvelle définition.

Si telle était l'intention du Roi de vouloir créer un nouveau numéraire, la mise en circulation du nouveau numéraire en plus de l'ancien allait montrer que les prix exprimés dans le nouveau numéraire sont plus élevés que ceux exprimés dans l'ancien numéraire, puisque ceci n'est qu'une simple question d'équivalence par l'expression dans deux numéraires différents de la même valeur des biens ou services.

Or il apparaît que le Roi, non seulement n'a pas introduit de nouvelles quantités de monnaie en circulation, mais en plus, il a fait retirer de la circulation des quantités de numéraires pour en garder une partie pour lui-même, une quantité en valeur qui est évaluée à :

$Q^*(\alpha_1 - \alpha_2)$.

Il remettra donc en circulation le reliquat des quantités qui s'écrit :

$Q^*\alpha_2$,

avec :

$\alpha_2 < \alpha_1$.

Donc pour comprendre la réalité de la manipulation monétaire du Roi, il faut comprendre qu'il a créé un nouveau numéraire mais qu'il a désigné sous la même appellation que l'ancien numéraire qui est normalement plus grand.

Nous savons que cette pratique n'est pas cohérente du point de vue de l'Economie Scientifique, car il est plus cohérent de donner des noms différents à deux numéraires différents.

C'est donc ainsi que le Roi a provoqué la confusion dans l'expression des prix. Ces prix vont paraître d'autant plus (virtuellement) élevés que la dépréciation du numéraire est forte, alors qu'il n'en est rien étant donné que la valeur des biens ou services n'a pas changé et qu'en plus, il y a même eu retrait d'une quantité importante de monnaie de la circulation. La manière de compter la valeur des biens ou services a en réalité changé et la hausse des prix, plutôt virtuelle, ne résiste à aucune analyse car la baisse des prix est la seule évolution possible.

En effet, le Roi aura retiré de l'économie une bonne partie des ressources monétaires des mains des populations, d'où l'idée de la confiscation monétaire du Roi.

En retirant de l'argent de la circulation, il est bien clair que les prix ne peuvent pas normalement augmenter dans une situation de perte généralisée imposée à l'économie.

L'économie empirique ne valide-t-elle pas la théorie quantitative de la monnaie qui veut que lorsque la quantité de monnaie augmente dans la circulation sans que n'augmente d'autant l'offre des biens alors les prix augmentent. Comme corollaire, on ne saurait donc s'attendre à ce que ces mêmes prix augmentent lorsqu'on retire de la monnaie de la circulation avec une offre inchangée de biens.

Il est donc clair, que la population aura le sentiment de vivre deux cauchemars, l'un à travers cette hausse virtuelle des prix, et, l'autre, à travers l'appauvrissement créé par l'effet de « ce prélèvement monétaire forcé ».

.... Des contrats privés (virtuellement) stables, mais dont la valeur est modifiée profondément à la baisse ....

Contrairement aux prix sur le marché des biens qui sont (virtuellement) orientés à la hausse, les contrats, comme par exemple les salaires, les loyers, les dettes et les créances présenteront une apparente stabilité en étant exprimés dans les mêmes termes en quantités des mêmes numéraires en circulation.

Cependant, cette stabilité est également virtuelle, car en réalité la valeur de chacun de ces contrats se trouve réduite si aucune révision ne venait en compensation de la déperdition qualitative des numéraires en circulation. Pour le savoir, il suffit d'exprimer correctement cette quantité en valeur, c'est-à-dire en quantité de Livres Tournois (d'étalon).

Donc globalement, cette mesure de manipulation monétaire opérée par le Roi aura conduit effectivement à modifier à la baisse la valeur des contrats en plus du prélèvement monétaire forcé exercé sur la population.

Par conséquent, cette manipulation monétaire aura provoqué une baisse réelle des revenus de la population au profit du seul Roi qui aura encaissé son prélèvement monétaire tout en gardant la possibilité d'avoir eu à sa disposition une main d'œuvre plus taillable et plus corvéable par la baisse de la valeur des contrats.

Les conséquences de la diminution de revenu s'exercent sur la demande des biens, induisant des effets restrictifs sur la croissance et le développement de l'économie.

Comment peut-on transformer cette mesure en la corrigeant de ses inconvénients majeurs pour en faire éventuellement une politique novatrice de développement dans le contexte d'une économie de liberté, c'est-à-dire dans le cadre de l'Economie Scientifique ?

6.2.2. De la confiscation monétaire du roi dans l'économie à la solidarité dans la création massive de l'emploi

Il est facile de constater que cette mesure de manipulation monétaire opérée par le Roi affecte différemment dans l'économie les deux types de prix que sont les prix du marché libre et les montants des contrats, chaque type de prix respectant une logique propre.

Pendant que les prix du premier type sont susceptibles d'ajustement sur le marché, les montants des contrats au contraire sont incapables de mouvement libre.

Or nous savons que les prix renvoient à l'utilisation d'un numéraire. Donc, en ayant deux types de prix, nous pouvons chercher à associer un numéraire à chaque type de prix.

L'économie utilise déjà un numéraire dans lequel les prix libres sont exprimés. Appelons-le le Franc, noté *F*.

Nous allons envisager pour les contrats un autre type de numéraire que nous allons désigner par le Franc Contractuel, noté *FC*.

Nous savons qu'à l'expérience, les numéraires sont matérialisés alors que l'étalon peut être immatériel dans son rôle d'unité de compte.

Nous allons utiliser ces deux propriétés caractérisant les instruments monétaires pour concevoir et créer un numéraire spécial dont le rôle est de décompter les montants nominaux dans les contrats, d'où l'appellation de Franc Contractuel (*FC*).

Ce numéraire spécial va être créé officiellement pour servir à exprimer les montants monétaires des contrats de travail, de bail, d'endettement et de remboursement. Ce numéraire sera une monnaie de décompte utilisée dans les contrats (monnaie semi-fictive), non matérialisée mais définie par rapport au numéraire circulant, celui-ci restant défini comme d'habitude directement en quantité d'étalon.

Il convient de constater que la situation qui prévaut dans toutes les économies est que ce numéraire de décompte, noté *FC*, est confondu en tous points de vue avec le numéraire circulant *(F)*. D'où, pour traduire cette réalité dans l'exemple en cours, il suffirait de l'indiquer comme suit :

(1) $1\ FC = 1\ F$

Il s'agit, à travers une nouvelle définition de ce numéraire contractuel de procéder à une modification qualitative de sa définition afin d'affecter à la baisse la valeur de tous les contrats au sein de l'économie nationale.

Ainsi, l'Etat disposerait d'un instrument de politique publique qu'il pourrait, avec les prérogatives qui seront les siennes, utiliser dans des conditions précises pour modifier la valeur des contrats individuels dans l'économie afin d'assurer une flexibilité au marché du travail en intégrant un effectif important de chômeurs dans le processus de production.

Cet instrument va fonctionner en plus des cadres de négociation traditionnelle entre les salariés, les employeurs et le gouvernement. Ce faisant, les contrats privés apparaîtront tous comme logés dans le cadre d'un contrat social global qui constituera un volet supplémentaire de politique novatrice de solidarité nationale que nous allons définir ci-après ainsi que ses objectifs.

Dans le cas des salaires, la valeur du montant total des salaires dans l'économie, (noté *ST*), dépend de l'effectif salarié *(Effectif)* et du niveau moyen des salaires individuels *(Salm)* et s'écrit en quantité de numéraire *FC*:

$$ST = Effectif * Salm * FC \quad \text{avec} \quad 1\ FC = 1\ F$$

En mettant en place dans l'économie les deux numéraires, il devient facile de décomposer les effets de la manipulation monétaire opérée par le Roi.

C'est ainsi qu'il devient possible de montrer que la manipulation a été appliquée à toute l'économie.

Maintenant, appliquons ce même type de manipulation monétaire uniquement aux contrats en modifiant le lien entre les deux numéraires le *F* et le *FC* dans le sens de l'affaiblissement du Franc contractuel.

En modifiant la relation (1) nous allons définir comme suit une nouvelle relation définissant à la baisse la valeur du numéraire contractuel qui s'écrit :

(2) $FC = F / (1+ \mu)$ avec μ un nombre réel positif.

Cette relation modifie la définition du numéraire choisi dans les contrats pour la fixation du montant des salaires, des loyers, des dettes et remboursements.

Cet affaiblissement de valeur du numéraire permet de diminuer toutes les charges dans l'économie.

Cependant, étant donné que le coût salarial constitue en même temps un des éléments de revenus qui s'exercent en tant que demande globale sur le marché des biens et services, nous allons veiller ce que la mesure prise ne conduise pas à diminuer la valeur globale de ces revenus dans l'économie.

Par ailleurs, étant donné que le salaire supporte toutes les charges de l'individu en termes de mensualité de loyer, de remboursement et autres charges fondées sur le salaire, nous allons également veiller à ce que la mesure ne contribue pas à alourdir la situation individuelle du salarié face à ses charges dans la société.

Pour atteindre le premier objectif, consistant à conserver la valeur du salaire dans l'économie, nous allons associer à la modification qualitative du numéraire, une augmentation conséquente de l'effectif des salariés en activité.

Ainsi, à partir des relations (2) et (3), la valeur du montant total des salaires s'écrit à nouveau comme suit :

$$(3)\ (ST)_1 = Effectif * (1 + \mu) * salm * F / (1 + \mu)$$

en quantité de numéraire dans l'économie.

Cette relation montre que le nouvel effectif employé s'écrit :

$Effectif * (1 + \mu)$.

En prenant un taux de 10% pour μ utilisé pour la dépréciation de la valeur du numéraire salarial, et en fixant l'effectif des nouveaux recrutements à 10% de l'effectif en activité, la valeur du salaire dans l'économie reste inchangée et le supplément d'effectif est mis en activité sans coût salarial supplémentaire.

Pour atteindre le second objectif, consistant à ne pas alourdir la situation individuelle des charges du salarié du fait de la diminution de la valeur du salaire, il suffit d'exprimer dans le même numéraire le salaire et les charges qui lui sont liées.

Ce faisant, quelle que soit la définition du numéraire, le salarié va se trouver indifférent pour faire face à ses charges. Actuellement, qu'il soit en hausse ou en baisse, le niveau de la monnaie nationale ne provoque aucun changement sur la situation du salarié face à ses échéances.

Ce faisant, si le salaire individuel baisse, de manière équivalente le loyer baisse ainsi que le montant des échéances mensuelles. Donc la mesure n'affecte pas négativement la situation individuelle des charges.

Au plan global, l'économie, étant placée dans une meilleure position l'ayant rendue plus efficace, plus productive et avec des charges allégées, va se trouver comme dopée sur un chemin vertueux de croissance.

Il ne s'agirait pas de mains invisibles vertueuses qui viendraient d'un lieu et de sources également invisibles, mais bien du fait que les lois qui entraînent l'économie agissent pour produire les mêmes effets vertueux sous les mêmes conditions.

En effet, des personnes capables de produire des valeurs positives étaient disponibles sur place mais tenues à l'écart de la production et entretenues aux frais des agents qui travaillent. De plus, des charges nécessaires à la production des valeurs positives se sont trouvées structurellement gonflées du fait d'inefficacités et d'inefficiences diverses.

La mesure de correction a consisté à réduire les inefficacités et inefficiences diverses qui gonflaient inutilement les charges et à affecter le montant de la réduction de ces charges négatives à ces personnes disponibles, capables de participer à l'effort de production des valeurs positives.

Une telle mesure présente beaucoup d'avantages. Entre autres :

- l'apport supplémentaire, sans coût, de travailleurs bien motivés car payés au niveau du salaire pratiqué, constitue un rêve aussi bien pour l'employeur que pour l'employé qui était au chômage ;

- cet apport supplémentaire constitue un gain de productivité pour l'entreprise, une opportunité de gain de part de marchés local et international ;

- cet apport constitue également un gain de productivité globale pour l'économie nationale et de compétitivité ;

- cette mesure constitue pour les effectifs en activité une nouvelle opportunité plutôt que de se sentir menacés de licenciements pour cause d'ajustement physique nécessaire ;

- l'allègement du chômage est une aubaine pour purger les déficits des différentes caisses sociales et de solidarité ;

- le dialogue social reprend du sens puisqu'il s'agit de savoir comment gagner ensemble et non pas comment faire accepter une situation certes perdue d'avance mais qui pourrait être davantage pire si rien n'était tenté ;

- la possibilité d'assurer le financement novateur propre du développement au moyen d'un effort collectif, consensuel, équitable, démocratique sans coût supplémentaire et en étant tout bénéfice.

Ainsi, en corrigeant une politique, qui au départ n'était conçue que pour confisquer une partie des ressources de l'économie par le Roi et pour rendre plus malléable, corvéable et taillable une main d'œuvre servile, nous arrivons à mettre en place une politique de solidarité nationale qui est totalement vertueuse, bénéfique pour tout le monde, facile à mettre en œuvre, efficace et sans coût supplémentaire.

Pour avoir su identifier les inconvénients majeurs de la politique de confiscation du Roi, que nous prenons soin de ne pas juger avec les références d'une époque autre que celles de son temps, nous arrivons à mettre en place pour notre ère de démocratie, une politique vertueuse de création massive d'emploi.

En effet, nous comprenons aujourd'hui, que cette mesure qui repose sur une politique de solidarité dans la création de l'emploi est mise en œuvre à travers la création d'un numéraire contractuel par les institutions démocratiques, au moyen de la modification du lien entre l'étalon et ce numéraire dans le sens de l'affaiblissement de celui-ci.

Dans ses objectifs, cette politique répond à des préoccupations nationales en matière de chômage et d'endettement qui constituent des menaces pour la démocratie en l'absence d'une réponse adéquate et appropriée comme à l'image de l'instrument de l'arme monétaire utilisée par le Roi pour faire face à ses besoins urgents de financement, qu'il s'agisse de ses guerres ou de ses infrastructures.

En effet, si le Roi a pu concevoir et mettre en œuvre un instrument cohérent avec les valeurs de son époque, pourquoi les institutions démocratiques n'ont-elles pas suffisamment pensé à concevoir les instruments alternatifs adaptés à leurs besoins dès leur prise de pouvoir ?

Il ne s'agissait sûrement pas pour les nouveaux dirigeants de l'ère démocratique de remplacer, uniquement aux commandes, les anciens dignitaires.

Par conséquent, nous estimons que l'instrument du numéraire contractuel vient combler une insuffisance notable par la création d'un instrument de politique pour le peuple et par le peuple.

C'est bien pourquoi on pourrait dire que cette politique de solidarité, fondée sur ce numéraire contractuel, est mise en œuvre avec un poids uniforme de sacrifice consenti au sein de la population avec un degré élevé d'équité rarement réalisé dans le domaine économique.

En plus de toutes ces réalisations favorables dans le cadre de cette politique novatrice, il faut noter que les prix vont encore réellement baisser du fait des gains de performance lorsque les nouveaux produits sortiront d'un circuit de production devenu plus efficace et plus performant.

Ce faisant, les salariés et autres détenteurs de revenus liés aux salaires bénéficieront d'un pouvoir d'achat accru dû à la baisse compétitive des prix, ce qui constitue encore une amélioration du niveau de vie du salarié et de ces détenteurs de revenus liés aux salaires, c'est-à-dire de la population.

Finalement, il faut ajouter que les ressources monétaires que le Roi avait coutume de confisquer sont restées dans l'économie aux mains de leurs détenteurs.

Pour s'enrichir des insuffisances constatées dans l'économie empirique, qu'est-ce que l'économie aurait-elle pu faire de mieux que L'Economie Scientifique ?

C'est ainsi que, sur le plan méthodologique, si la théorie permet de comprendre la pratique après l'avoir transformée en un sujet de réflexion théorique, il est encore clair que l'observation des résultats de l'application de la théorie à la réalité permet encore d'enrichir la théorie.

Il est clair que l'observation en grandeur nature des pratiques du Roi a constitué une opportunité pour capitaliser sur ses aspects positifs au regard des objectifs de développement du pays.

C'est ainsi que, compte tenu des velléités expansionnistes qui prévalaient en Europe à l'époque, le Roi aidé de ses conseils, aura conçu cette mesure de confiscation efficace qui lui permettait de disposer des ressources financières nécessaires pour faire financer ses guerres par la population, et pour finir, par sécuriser son royaume ou son empire.

Ce faisant, L'Economie Scientifique, en sachant tirer les leçons des pratiques passées, peut devenir rapidement une science d'une très grande maturité et être capable de se hisser au même niveau que les autres sciences anciennement établies comme disciplines acceptées.

La proposition alternative ci-dessus décrite à travers la politique que nous désignerons par l'appellation de politique de solidarité dans la création massive de l'emploi ne constitue-t-elle pas une réponse appropriée à deux des préoccupations urgentes de l'heure dans tous les pays : le chômage de masse et le surendettement public et privé qui, en l'absence de solution viable, conduisent au désespoir ?

En effet, cette proposition est susceptible d'être approfondie pour examiner spécifiquement comment y sont traités les effets collatéraux d'une telle politique touchant les salaires. Tel est l'objet de la sous-section ci-après.

6.2.3. De la solidarité dans l'emploi et de la soutenabilité des charges dans l'économie

Dans les négociations classiques, si le salaire est négocié à la baisse pour sauver l'emploi, le traitement des cas individuels d'endettement des salariés, tant en ce qui concerne les échéances de remboursement des dettes que des loyers, est difficilement pris en compte car le poids de ce traitement est laissé à la responsabilité du salarié lui-même. C'est ainsi que ces négociations conduites souvent par secteur ne sont pas appliquées de manière homogène selon les branches.

La situation d'endettement individuel du salarié peut donc constituer une source de précarité individuelle dans une situation de négociation sociale difficile dont le principal objectif déclaré est de sauver l'emploi à tout prix.

C'est pourquoi, il est important que l'Economie Scientifique puisse examiner la possibilité de traiter des situations individuelles et collectives d'endettement dans le cadre de la politique de solidarité qu'elle cherche à mettre en place.

Dans la conception de cette politique de solidarité, l'expression en « Franc Contractuel » des montants des salaires, des loyers, des contrats d'endettement et des remboursements permet de garder inchangée la situation d'endettement global du salarié en cas de d'affaiblissement du numéraire contractuel.

C'est ainsi que la mise en œuvre de cette politique, malgré la baisse de la valeur du salaire, protège en même temps le salarié, contre un alourdissement de ses charges en termes de mensualités de loyer, de remboursements des dettes et divers paiements fondés sur le revenu salarial, et partant les propriétaires et les créanciers.

En effet, en termes de valeur, par cette mesure, les salaires comme les contrats d'endettement et de loyers seront réduits dans la même proportion, assurant ainsi à la mesure de solidarité une neutralité de ses effets sur la situation des charges supportées par le salarié.

De plus, l'économie, à travers ses nouvelles performances insufflées par la mesure, va se trouver dans une meilleure position pour mieux supporter le poids de son endettement en présentant une meilleure capacité de remboursement.

C'est ainsi qu'il apparaît justifié et totalement équitable que tous les acteurs contribuent à cet effort de solidarité. Il en est ainsi des créanciers et propriétaires qui devront accepter les montants consignés dans les contrats en numéraires contractuels.

C'est pourquoi la Loi est mise à contribution pour garantir des comportements individuels nécessaires à la vie harmonieuse en collectivité.

L'Etat, les employeurs, les salariés, les propriétaires et les créanciers, en étant mis dans les conditions pour permettre à chacun d'eux de jouer pleinement le jeu de la solidarité avec les chômeurs, vont donc ainsi assurer la mise en œuvre efficace de la mesure de solidarité dans la création massive de l'emploi.

Les avantages de cet accord global sont nombreux et concernent tous les acteurs, et notamment :

- les créanciers, car la capacité de remboursement individuelle et collective se trouve améliorée dans l'économie qui se sera renforcée en devenant plus compétitive et plus performante, améliorant donc la probabilité des remboursements ainsi que sa capacité de remboursement.

- Les propriétaires, car, comme la dette, les loyers également sont mieux maîtrisés par les salariés puisqu'en termes de proportion, les loyers sont mieux supportables pour les salariés, qui travaillent désormais dans des conditions économiques améliorées, ainsi que pour les anciens chômeurs devenus actifs. Ce faisant, une telle situation permet d'écarter un peu plus les risques de retard de paiement ou d'impayés dans le domaine. Il s'ensuit donc une meilleure attente des propriétaires quant au paiement des loyers face à la stabilité retrouvée de l'emploi.

- L'Etat, car la mesure, bien comprise, ne demande que l'adoption d'un texte administratif et législatif par les autorités compétentes. Cette mesure est facile à mettre en œuvre, car ne demandant pas de tractations à haut risque ni de mobilisation de ressources rares. De plus, elle ne demande pas une remise en cause des acquis sociaux en démantelant une architecture sociale qui aura mis souvent des siècles pour se bâtir.

- Les syndicats de tous bords, car chacun d'eux trouve son compte dans un système technique qui respecte les différentes idéologies en face puisqu'assurant à l'économie la performance et la compétitivité nécessaires.

Au fil du temps, une analyse de la répartition des revenus créés par le mouvement d'ensemble peut montrer un déséquilibre dans la répartition des fruits de la croissance en montrant par exemple une répartition déséquilibrée, mais en faveur des employeurs.

Dans ces conditions, les techniques classiques de négociation resteront valables en termes de négociation salariale.

Cependant, il pourrait être tentant de proposer une nouvelle définition du Franc Contractuel en le renforçant par rapport au numéraire circulant, un peu comme à l'image inverse de son affaiblissement.

Dans l'exemple précédent, il pourrait s'agir, après avoir fixé 1 *FC* = 0, 90 *F* dans le sens de l'affaiblissement, de redéfinir après une longue période d'embellie, le *FC* comme suit :

1 *FC* = 0,95 *F*.

Malheureusement, une telle mesure ne toucherait pas seulement le salaire, car elle constituerait en outre un alourdissement des charges de la société en termes d'endettement, de loyers, etc.

Donc cette mesure de renforcement de la valeur du numéraire salarial n'est pas a priori vertueuse, car elle semble produire des effets d'alourdissement des charges des individus et de la collectivité dans son ensemble ; effets qui sont totalement à l'opposé de ceux recherchés par la politique de solidarité.

Par conséquent, les techniques habituelles de négociation pourront être privilégiées. Au sein de l'entreprise, des accords pourraient prévoir des ajustements de salaires que les chefs de personnel pourraient traduire dans des lignes de calculs du salaire avec les nouveaux taux négociés. Il est à penser que l'économie empirique nous ayant beaucoup appris dans ce domaine pourrait bien recourir à ses outils traditionnels et à son savoir-faire.

De toute façon, il s'agirait bien d'un moindre mal lorsque le problème est de réfléchir sur la répartition d'une richesse que sur la répartition de la pauvreté.

6.3. Examen des cas de manipulations d'instruments monétaires au Mali de 1974 à 1995.

6.3.1. La mise en œuvre des politiques de changement de numéraires

Nous avons vu que la comparaison au cours du temps des expressions nominales respecte des règles liées à la théorie de la mesure de la valeur dans l'économie.

Cette comparaison suppose la maîtrise des instruments monétaires et de leur manipulation.

Nous allons illustrer cette situation à partir de l'expérience monétaire du Mali sur la période allant de 1974 à 1995 au cours de laquelle ce pays a connu plusieurs situations de manipulations monétaires.

Dans ce pays, le numéraire qui circulait en 1974 était le Franc Malien (FM) fixé à 0,01 FF. Puis, en 1984, il a mis en circulation le FCFA fixé à 0,02 FF.

Les deux numéraires ont circulé en parfaite harmonie ensemble pendant un temps relativement limité. Progressivement, le FM a été retiré de la circulation pour ne plus laisser cours qu'au FCFA à partir de 1985.

Il est apparu qu'une dette de 100 000 FM contractée en 1974 a été comptabilisée en 1984 comme l'équivalent de 50 000 F CFA.

Ces deux montants nominaux de 100 000 FM et de 50 000 FCFA étaient enregistrés comme équivalents à leur valeur commune de 1 000 unités de compte soit 1 000 FF.

Maintenant, nous comprenons clairement le sens de la comparaison fondée sur les montants de 100 000 et de 50 000 qui sont des expressions de la même valeur de 1 000 étalons dans deux numéraires, l'un dont le contenu est de 0,01 FF et l'autre de 0,02 FF soit donc le double du premier.

Cependant, en 1994, soit dix ans après 1984, la décision a été prise par les Chefs des Etats ayant en partage le FCFA de procéder à un ajustement monétaire décidé le 12 janvier 1994 et qui a consisté à fixer pour le FCFA un contenu de 0,01 FF au lieu de 0,02 FF.

Après cette décision, une dette de 1974 d'un montant de 100 000 FM, comptabilisée pour 50 000 FCFA en 1984, est restée comptabilisée pour 50 000 FCFA soit donc pour une valeur de 500 FF, c'est-à-dire donc la moitié des 1 000 FF, valeur que représentait cette dette depuis plus de 20 ans.

Cette décision, modifiant la relation entre l'étalon et un numéraire dans le sens de l'affaiblissement de celui-ci, correspond au type de manipulation monétaire opérée par le Roi du Moyen Age dans le but de confisquer des revenus monétaires de ses sujets.

Nous avons également compris, pour l'avoir analysé, que cette manipulation cumule un nombre important de dysfonctionnements, d'incohérences et d'insuffisances dont la correction a ouvert la voie, comme nous l'avons également établi ci-dessus, à la mise en place de la politique de solidarité dans la création massive de l'emploi, une politique alternative aux nombreuses vertus.

De manière plus spécifique, nous allons voir en quoi cette mesure historique du 12 janvier 1994 peut se distinguer de la décision du Roi.

6.3.2. Analyse approfondie des manipulations des instruments monétaires au Mali

A l'analyse, nous savons que cette décision du 12 janvier 1994, qui a consisté à porter la valeur du FCFA de 0,02 FF pour 1 FCFA à la valeur de 0,01 FF pour 1 FCFA correspond en tous points de vue à la même mesure de l'affaiblissement du numéraire que nous avons précédemment examinée à travers l'exemple du prélèvement monétaire opéré par le Roi au Moyen Age français. C'est ainsi qu'à l'analyse, cette mesure a pour conséquence immédiate la destruction de moitié de la valeur des contrats dans l'économie et la confiscation de moitié des revenus monétaires au profit du Roi.

Une des conséquences simples et vérifiables est qu'une dette, ainsi que la créance qui lui a donné naissance, dont la valeur est de 1 000 étalons en 1974 ne sont plus comptabilisées que pour 500 étalons en 1994, soit donc une destruction de moitié de leur valeur.

La nature conventionnelle et arbitraire de l'étalon montre que la perte de valeur garde tout son sens même si un autre étalon avait été choisi à la place du FF, comme le cauris, l'or ou le blé. Donc ce n'est pas le FF qui est en cause. En effet, il ne sert à rien de remplacer le FF par autre chose si demain il faudrait appliquer la même mesure suicidaire.

C'est ainsi que l'on peut comprendre l'importance du choix conventionnel de l'étalon, choix qui aurait pu porter au départ sur toutes autres choses que le FF, étant donné que le support matériel de l'étalon importe peu.

Ce support importe si peu qu'il peut être immatériel (simple définition) et quand il est matérialisé, il ne peut être représenté que dans une seule et unique chose. Mais, une fois ce choix effectué, il devient fondamental et doit être observé de façon absolue.

Par conséquent, comme l'expérience vient de le prouver, dans ce système monétaire, la richesse accumulée dans ces pays africains peut se trouver amputée de sa moitié du jour au lendemain après plus de vingt ans d'intenses activités économiques conduites dans le cadre des politiques économiques.

Dans ces conditions, à quel développement ces pays pourraient-ils prétendre si dans vingt ans, ou trente ans ou même cent ans, ces pays seront obligés de procéder à cette régression massive, ce retour forcé en arrière au nom d'une politique qui a déjà trouvé son nom : le changement de parité du Franc CFA ?

Qui voudrait-il encore parler donc de croissance ou de développement dans ces pays lorsqu'on sait qu'une politique de croissance soutenue au rythme annuel de 3,53% conduit au doublement de la richesse en vingt ans et qu'en une matinée tout ce résultat est effacé par erreur pour se retrouver vingt ans en arrière ?

L'histoire est riche d'enseignements et les preuves claires sont suffisamment réunies pour permettre à ces pays de méditer sur ce que Jacques RUEFF dit, lorsqu'il écrit :

"Exigez l'ordre monétaire, ou acceptez l'esclavage".

De plus, cette mesure du 12 janvier 1994, en plus des inconvénients indiqués dans la mesure de manipulation monétaire du Roi, présente d'autres inconvénients spécifiques majeurs. En effet :

- la mise en œuvre de cette mesure ne demande plus de retirer les numéraires de la circulation pour les refrapper à leur nouvelle définition puisque le même numéraire est reconduit avec le même nom. Donc cette mesure, tout étant aussi dangereuse pour l'économie que la mesure prise par le Roi, serait encore plus facile et moins coûteuse à mettre en œuvre.

- de plus, au Moyen Age, pendant que le Roi avait pour objectif d'empocher le prélèvement monétaire consécutif à la mesure, avec la mesure du 12 janvier 1994, il n'y aurait, a priori, personne pour empocher le prélèvement monétaire résultant de la manipulation :

  - En effet, puisque le prélèvement forcé n'était pas un objectif attendu de la mesure du 12 janvier 1994, personne n'aurait certainement conscience de l'existence de ce montant que le Roi prélèverait pour pouvoir le réclamer. Cependant, au même moment les gouvernements de ces pays seront placés dans des besoins urgents d'argent frais qui les placeraient directement dans la nécessité de solliciter le concours des institutions financières internationales[29].

o Par conséquent, le montant du prélèvement forcé non réclamé va se trouver emprisonné entre les différents bilans des acteurs du système bancaire car en la matière rien ne se perd dans le système des échanges : le système bancaire, qui va hériter de cette manne imprévue, va se trouver encombré de liquidités qu'il ne peut même pas prêter, alors qu'il sera paradoxalement témoin des conflits de solvabilité entre des opérateurs économiques de la zone et leurs fournisseurs extérieurs des plus traditionnels, les premiers se trouvant appauvris et mis en situation de faillite instantanée et automatique par l'alourdissement de leurs engagements extérieurs[30].

o Pire, malgré la destruction massive de valeur, les gouvernements des pays membres du FCFA vont se trouver préoccupés par une lutte contre une inflation (virtuelle) galopante, aidés dans cette lutte féroce, par des conseillers mandatés par des Institutions internationales[31] parmi les plus intouchables. Or, nous savons maintenant que cette inflation, en réalité est un mal qui n'existe pas, car tout simplement, il est impossible d'avoir une inflation dans les conditions d'un

---

[29] Voir Tribune DESFOSSES, Mardi 1er mars 994 page 18, « Le FMI doit approuver demain à Washington la lettre d'intervention qu'il a signée en janvier à Dakar, ce qui permettra au Sénégal de disposer immédiatement des 53,5 milliards de Francs CFA ».

[30] Voir article de Sophie ROQUELLE dans les Informations financières, trois semaines après la dévaluation du CFA « Franc CFA : facilités de trésoreries pour les entreprises – Le gouvernement (français) va débloquer 300 millions d'aide pour les aider à faire face aux conséquences de la dévaluation ». Dans le même article, elle fait état des transferts bloqués, citant le cas de *Omega Trading*, qui « depuis début décembre (1993) n'est payée qu'au compte-gouttes, et selon le gérant de Omega *Trading*, M. Normand, « Les banques centrales ont bloqué les demandes de transfert des banques commerciales. [..].. En janvier (1994) *Omega Trading* n'a encaissé que quatre millions au lieu de 15 à 20 millions escomptés ».

[31] Voir Tribune DESFOSSES, Mardi 1er mars 994 page 18, dans un article intitulé « Franc CFA : quand dévaluation rime avec « dévalisation » » qui laisse apparaitre plusieurs sous titres : « Une inflation explosive s'est installée dans ces pays en même temps qu'un climat de ressentiment à l'égard de la France » ou « Depuis sept semaines, la confusion règne dans les pays de la zone franc aussi bien sur le plan économique, que moral et politique ».

prélèvement monétaire aussi massif et d'une destruction de moitié de la valeur de tous les contrats dans l'économie.

o L'impossibilité pour les gouvernements de ces pays de comprendre qu'en matière de lutte contre l'inflation, ils perdaient un combat acharné après avoir lourdement combattu, alors que ce combat était gagné d'avance avant même d'être livré. En effet, si ces gouvernements craignaient de produire l'inflation par cette mesure du 12 janvier 1994, ils devraient en être rassurés s'ils savaient que ces mesures constituaient une destruction massive de la valeur dans l'économie. Par conséquent, quelle que soit la manière de mesurer cette destruction, il ne saurait y avoir inflation[32]. De quel risque veut-on se préoccuper pour quelqu'un qui a décidé de se jeter du sixième étage d'un bâtiment ? Ce ne serait surement pas du risque d'un rebond après sa chute !!

En effet, ces gouvernements et leurs conseillers ne peuvent pas se rendre compte d'une telle destruction du fait qu'ils se réfèrent à une discipline qui est restée spéculative sur le sujet de la valeur, un sujet dont certains d'entre eux vont jusqu'à ignorer l'existence en économie.

Il est clair, sans dogmatisme quelconque, que le contexte de l'empirisme, qui caractérise les agissements de ces praticiens d'économie, ne peut pas leur permettre de poser des questions de mesure de quelque chose qui n'a pas d'existence pour beaucoup d'entre eux.

C'est ainsi que, sans nier leur volonté de bien faire, ces praticiens et leurs institutions, par cette mesure du 12 janvier 1994, ont imposé, à la manière du Roi du Moyen Age, entre autres, une confiscation de la moitié de ressources monétaires au sein de l'économie de ces pays à travers une politique que nous avons déjà identifiée comme dangereuse. Malheureusement, les auteurs qui ont provoqué cette mesure, n'avaient

[32] Voir dans Wal fadjiri L'AURORE, Dakar, Sénégal, N° 816 du samedi 3 et dimanche 4 décembre 1994, page 6 dans un article intitulé : « Côte d'Ivoire – Banque mondiale : Le Bon élève se fait tirer les oreilles » et citant une source AFP qui indique que « [..] , l'économiste de la mission régionale de cette institution, Mme Amparo BALLIVIAN, s'est félicitée de la maîtrise de la hausse des prix à la consommation qui s'est élevée en moyenne à 34% depuis le changement de parité ».

aucune conscience de cette confiscation massive, puisqu'ils ignoraient tout de ce prélèvement forcé jusqu'à son existence.

De plus, cette décision de modification du lien entre l'étalon et le numéraire circulant a provoqué de nombreuses autres violations d'engagements sur l'avenir compte tenu de la place du numéraire dans l'économie, ainsi que l'écrit si bien ALLAIS[33] :

« *Le fonctionnement d'une économie de marchés repose sur un grand nombre d'engagements sur l'avenir. L'efficacité de l'économie, comme la justice, implique que ces engagements soient respectés, et que ni les créanciers, ni les débiteurs ne soient spoliés. Il convient donc que tous les contractants soient réciproquement protégés contre les variations de pouvoir d'achat de la monnaie* ».

Enfin, les conséquences redoutables de ces manipulations monétaires sont encore nettement exprimées dans les résultats de l'étude des causes de décadences des royaumes décrites par COPERNIC[34] :

" *Les quatre fléaux qui causent d'ordinaire la décadence des royaumes : la discorde, la mortalité, la stérilité de la terre et la dépréciation de la monnaie. Les trois premiers de ces fléaux sont si évidents que personne ne les ignore, mais le quatrième, concernant la monnaie n'est admis que par peu de gens, par des esprits les plus ouverts, car il ne ruine pas les Etats d'une façon violente et d'un seul coup, mais peu à peu et d'une manière presque insensible.* "

L'Economie Scientifique, tout en partageant les préoccupations exprimées à travers les avis combien éclairés de ces deux auteurs qui sont reconnus être parmi les plus brillants de nos devanciers, offre aux économistes des instruments et des méthodes d'analyse qui leur permettent désormais de faire face efficacement aux problèmes économiques et sociaux, et de mettre en œuvre des solutions pratiques vertueuses bien ciblées

---

33 M. ALLAIS, 1993, *"Les conditions monétaires d'une Economie de marchés. Des enseignements du passé aux réformes de demain"*, Revue d'Economie politique, mai-juin 1993, numéro 103 (3).

34 N. COPERNIC, *"Discours sur la frappe des monnaies"*, in Ecrits Notables sur la Monnaie (XVI° siècle), cité par M. BASSONI et A. BETIONE, *"Monnaie Théories et Politiques"* Sirey, 1994, p. 54.

sur des résultats et impacts qui sont susceptibles d'être prévus, suivis et mesurés.

Ce faisant, les praticiens seront bien armés pour jouer pleinement leur vocation planétaire, consistant à assurer les meilleures chances de développement à la plus grande majorité des populations à travers le monde.

C'est dans ces conditions que la discipline économique pourra être en mesure d'éviter le risque d'avoir à appliquer une mesure qu'elle croit bénéfique alors qu'elle est inadaptée à la situation spécifique de la plupart des pays qu'ils déclarent vouloir aider.

En effet, par cette mesure du 12 janvier 1994, les praticiens croyant sauver l'économie de ces pays africains, ont en réalité détruit ce qui en constituait l'essence, la valeur des ressources difficilement accumulées au cours du temps, étendant ainsi le spectre de la pauvreté.

C'est ainsi que, dans l'ignorance de ce qu'est la valeur du FCFA et voulant paradoxalement dévaluer cette monnaie, ils se sont comportés comme un Roi du Moyen Age, malheureusement en s'ignorant majestueusement comme Roi. N'est quand-même pas Roi qui le veut !

C'est pourquoi, non seulement les gouvernements de ces pays et ces praticiens qui les appuient n'ont pas pu bénéficier du prélèvement monétaire qui revenait au Roi, mais en plus, ces pays n'ont jamais été placés dans des besoins aussi urgents que massifs d'argent frais auprès de la Communauté internationale de bienfaiteurs donateurs[35] quand leur système bancaire était au même moment submergé de surliquidités dont il ne savait même pas quoi en faire.

De plus, il ne faut pas oublier que ce même système bancaire dans ces pays était au centre des conflits d'insolvabilité qu'il

[35] Lors de la Réunion des ministres de finances de la zone franc tenue à Brazzaville huit mois après la dévaluation du FCFA chaque pays soumet « le tableau de bord de son économie à l'observation des instances internationales qui organisent des missions de suivi dans les pays pour vérifier la bonne application des mesures décidées sous leurs instigations. Pour le ministre français de l'économie et des finances, « il n'y a pas de salut en dehors des accords passés avec les institutions de Bretton Woods », source presse écrite datée du 22 septembre 1994.

gérait ou constatait entre des opérateurs économiques de la zone CFA et leurs fournisseurs des plus traditionnels à l'étranger du fait de la dissipation de leur réserve financière sur laquelle était fondé leur seul moyen de règlement de leurs engagements financiers.

En effet, ce moyen de paiement présentait, jusqu'à la veille de cette date historique, l'avantage d'un règlement sûr et pour un montant certain, aussi bien pour ces pays africains que pour leurs fournisseurs français, contrairement aux autres pratiques de règlements qui, en général, rendent nécessaire la couverture contre divers risques, tels que les risques de change qui n'ont de sens que pour les opérations impliquant deux étalons monétaires différents[36].

Pour conclure, il nous apparaît important de constater, clairement et sans esprit de polémique, que la mesure novatrice de la politique de solidarité dans la création massive de l'emploi que l'Economie Scientifique propose, malgré toutes les vertus qui lui sont attachées, n'a été conçue et mise en œuvre qu'à partir d'une mesure partielle issue du type de la manipulation monétaire du 12 janvier 1994.

En effet, cette mesure partielle a consisté à décider de la baisse de la valeur du montant total et individuel des contrats de travail dans l'économie, d'une manière déduite de la manipulation monétaire du 12 janvier 1994, mais sans effectuer de prélèvement forcé sur la quantité de monnaie en circulation et tout en récupérant immédiatement et exhaustivement le montant de cette baisse des salaires pour l'affecter totalement et entièrement à la création de nouveaux emplois dans l'économie.

Cette mesure partielle ainsi conçue, comme chacun peut le constater de lui-même, est mise en œuvre avec la participation des travailleurs en activité en faveur des chômeurs pour les inviter à rejoindre les postes de travail dans les activités de production. Il est clair qu'une telle mesure ne coûte rien à personne alors que tout le monde y est gagnant.

---

36 Xavier De La FOURNIERE, « *Les pays d'outre-mer n'ont pas à se couvrir contre les risques de variation des taux de change, leurs partenaires commerciaux non plus* », in « La Zone Franc », Que Sais-je ? Presses Universitaires de France, 1971, p.68

Dans une telle économie, l'Humain n'est-il pas au cœur de l'économie ? Une telle économie n'est-elle pas différente de cette *« économie sèche et sans âme du développement et de la croissance*[37] *»* ?

C'est pour mettre en place une telle mesure que L'Economie Scientifique demande au gouvernement et à la représentation nationale d'accepter de valider un texte administratif et législatif dans un bon délai afin de concrétiser la création de ce numéraire contractuel par la représentation nationale et pour l'intérêt des populations dans le cadre de la mise en place de cette politique de solidarité dans la création massive de l'emploi.

Pour le cas spécifique des pays africains de la zone franc, l'Economie Scientifique leur offre un mécanisme qui leur permet de mieux comprendre le fonctionnement de leur zone monétaire.

Malheureusement le schéma monétaire, dans lequel ces pays se sont trouvés placés et sans en avoir pleinement connaissance des conséquences, les a amenés à se retrouver dans l'une des pires formes de domination esclavagiste.

En effet, ce système rend ces pays démocratiquement coresponsables de la manipulation de l'instrument de perpétuation de cette domination aussi dégradante qu'humiliante de surcroît infligée par un Roi qui ne semble même pas vouloir faire savoir que c'est bien lui le Roi.

Aujourd'hui, plus de vingt-deux ans après les faits du 12 janvier 1994, cette manne potentielle pour le financement de l'emploi aura disparu comme du beurre au soleil, étant devenue irrécupérable.

Au même moment, la jeunesse de plus en plus nombreuse, désorientée et déstabilisée, qui en aurait bien besoin pour devenir des acteurs de développement et pour échapper aux tentations d'un appel à l'extrémisme religieux qui menace aujourd'hui le pays, n'en aura pas profité.

---

[37] Alain MOUNIER : « Critique de l'économie politique du développement et de la croissance –Théories, idéologies et politiques », paru en 2016 aux éditions BREAL, page 13

Si l'on se rappelle que le Mali a subi seul une telle mesure de dépréciation de sa monnaie en 1967 pendant que le FM avait cours avec une valeur initiale égale au FCFA et qu'en 1984, après avoir intégré l'Union Monétaire Ouest Africaine (UEMOA), il l'aura subi une deuxième fois en 1994 en même temps que les autres pays membres de l'UEMOA, alors il apparaît que le Mali aura perdu par deux fois cette manne potentielle de financement de l'emploi.

Par conséquent, en termes de valeur, les salaires ont été réduits de moitié par deux fois, ce qui signifie que cette valeur aura été divisée par quatre sur la période.

Malheureusement, dans chacune de ces situations, le constat s'impose que l'entreprise n'a pas pu bénéficier de cette opportunité que représentait la réduction de moitié du coût salarial pour assurer la création massive d'emploi, et pire elle n'en a même aucune idée. De plus, confrontée, comme elle l'a souvent été, à des problèmes insolubles de liquidité et de trésorerie, elle se serait plutôt trouvée parfois dans l'obligation de se défaire de ses salariés.

Les présentes analyses, à notre avis ont mis suffisamment en exergue que cette mesure de manipulation monétaire, qui a été initiée au Moyen Age par le Roi pour faire confisquer les revenus monétaires de la population et pour réduire le coût salarial de ses sujets qu'il rendait ainsi corvéables et taillables à volonté, a un caractère dangereux.

Cependant, en mettant en place la politique de solidarité dans la création massive de l'emploi, ces pays africains de la zone franc disposent d'un instrument efficace et simple pour lutter contre le chômage.

Le gâchis de la mesure du 12 janvier 1994 est incommensurable et le réveil des décideurs et de leurs conseillers, plus que nécessaire, est urgent et incontournable.

Comment pourrait-il en être autrement, quand on se rappelle l'interrogation de WALRAS[38], lorsqu'il écrit : *« Pour raisonner sur la richesse, il est important de connaître ce qu'elle est, et ce qui en constitue l'exacte expression »...*

---

[38] A. WALRAS, « Richesse, Liberté et Société », Tome I, Economica, p. 61.

… ou encore les avertissements de RUEFF[39], qui écrit que sans l'approfondissement des connaissances, il apparaît, « *qu' à défaut de vues générales, ils (les praticiens) auront certes l'action prompte et facile, puisque toute intervention est pour eux également possible, également indifférente ; mais sans notion précise du mécanisme par lequel chacune de celles qu'ils envisageront pourrait atteindre son but, ils recommanderont successivement les remèdes les plus contradictoires, tous également stériles. Seule une connaissance approfondie du phénomène qu'il s'agit de mettre en œuvre peut permettre de soutenir que relativement à telle fin, telle politique est préférable à telle autre, seule peut permettre de définir les moyens de la réaliser* ".

Donc, au-delà des émotions, des avis et autres mises en garde, les praticiens économistes doivent pouvoir faire œuvre scientifique tant les attentes du monde entier pour leur discipline sont immenses.

A cet effet, ils devront s'émanciper de leur pratique empirique qui les amène, à défaut de pouvoir avancer des preuves, à réclamer la généralité pour les affirmations maintes fois répétées et simplement relayées et auxquelles la réalité observée n'est pas conforme.

Une telle évolution, grâce à l'Economie Scientifique, est maintenant possible et vaut d'être effective, car il s'agit de sauver des vies humaines.

Cette discipline de L'Economie Scientifique n'est pas une discipline fermée. Elle n'appartient à personne, car elle intègre et capitalise tous les apports fondamentaux identifiables pour aider l'homme à résoudre ses problèmes précis de subsistance.

C'est pourquoi L'Economie Scientifique est capable de recenser toutes ses preuves ainsi que les auteurs qui les ont établies pour n'avoir laissé aucune place notable pour des avis personnels avancés sans aucune preuve valable.

De plus, il faut s'attendre à ce que très rapidement des questions insoupçonnées soient posées pour ensuite trouver au sein de cette discipline des réponses adéquates afin de permettre

[39] J. RUEFF, ''Oeuvres *Complètes, Tome II, Théorie monétaire''*, Plon, 1979, pp. 163-164.

d'améliorer les présentes contributions et de provoquer une adhésion rapide et massive à une démarche dont les résultats sont visibles et sans dogmatisme.

Par conséquent, L'Economie Scientifique offre des perspectives heureuses pour toute initiative positive qui pourrait s'exprimer afin de faire exercer les différentes intelligences brillantes de par le monde et qui viendraient en renfort d'une discipline qui est certainement parmi les plus vielles du monde mais qui paradoxalement, jusqu'à ce jour du moins, avait eu du mal à trouver sa voie.

La proposition de politique de solidarité dans la création massive de l'emploi, démontrée valable aussi bien dans les pays développés que dans les pays du Sahel, assortie d'une viabilisation des charges de la collectivité n'est-elle pas une chance donnée à l'économie empirique de pouvoir objectivement s'émanciper pour s'aligner dans la voie de l'avenir, de la rigueur : celle de la Science.

En effet, cette proposition de solidarité, ce condensé de politiques vertueuses pour la collectivité et son économie n'est-elle pas née de la correction d'un concentré d'erreurs, d'insuffisances et d'incohérences diverses collectées sur les traces laissées par l'économie empirique, à travers les pratiques du Moyen Age ou encore des pratiques contemporaines encore en vigueur et qui montrent malheureusement que nous ne sommes pas garantis contre les erreurs du Moyen Age.

Les autres sciences auraient-elles pu atteindre leur maturité selon une voie autre que celle qui vient d'être décrite et suivie par l'Economie Scientifique ?

Choisissons donc la voie de l'avenir, celle de la science, retracée à travers l'Economie scientifique, un espoir pour l'Humanité.

TROISIÈME PARTIE

DYNAMIQUE DE L'OFFRE ET DE LA DEMANDE

1. INTRODUCTION

Après avoir défini l'Economie Scientifique, ses concepts fondateurs, quelques-uns de ses instruments et politiques qui lui sont propres, nous nous proposons dans ce chapitre l'objectif d'expliquer la dynamique de l'activité économique qui a conduit à la production des biens et services librement et volontairement échangés dans la collectivité pour la satisfaction des besoins des coéchangistes.

Cette dynamique permettra de comprendre les rôles et responsabilités des acteurs, publics, privés et de type associatif, impliqués dans le processus de production.

Ce faisant, il sera possible pour l'autorité, le gouvernement, d'anticiper l'apparition d'un dysfonctionnement susceptible d'affecter le fonctionnement de ce processus de production et d'envisager en conséquence l'éventualité de prendre des mesures soit après concertation avec des acteurs privés, soit de manière autonome conformément à ses prérogatives.

Malgré la multiplicité des activités d'échanges observées de la part des acteurs économiques, nous allons montrer que deux grandes attitudes décrivent la dynamique du comportement de ces acteurs tous guidés vers la réalisation de leurs intérêts privés : une attitude d'acheteur doublée de celle de vendeur ou inversement.

Nous savons également que ces acteurs vivent ensemble dans un environnement qui garantit leur liberté de mouvement dans le respect de leurs intérêts réciproques. Donc, nous admettons que ces acteurs économiques sont guidés par la défense de cet environnement sans lequel leurs intérêts individuels et même collectifs seraient menacés.

Lorsque les acteurs économiques envisagent d'acquérir à titre personnel ou privé des biens pour la satisfaction de leurs besoins de consommation finale, ou encore de production (consommations intermédiaires), ils cherchent à acquérir ces biens au meilleur prix en adoptant un comportement de minimisation des dépenses.

En revanche, lorsqu'ils se décident à vendre des biens, ils choisissent de les vendre en s'offrant le maximum de valeur.

A cet effet, ils effectuent un choix des meilleures combinaisons d'offres les plus avantageuses en termes lucratifs.

Ici, le critère utilisé demeure la valeur, critère mesurable au moyen du numéraire, l'instrument de mesure. Par ce choix du critère, le comportement individuel est sommable au plan d'ensemble, d'où la possibilité de dégager un comportement moyen de la collectivité dans son ensemble.

Les conditions de l'équilibre au plan général de cette économie sont examinées et les principales lois qui guident ces conditions seront identifiées et leur importance analysée.

Des questions essentielles sur l'origine ou la source de la richesse seront réexaminées et des propositions seront formulées pour que la dynamique qui permet de générer cette richesse marchande soit rétablie au besoin, puis entretenue et amplifiée pour assurer la satisfaction du plus grand nombre de personnes.

Quelques remarques s'imposent ici :

Par le biais du critère fondé sur la valeur, les comportements individuels sont sommables et les grandeurs macroéconomiques s'en dégagent simplement.

Si des biens sont produits à titre privé pour un échange personnel sur le marché libre, il faut se rendre à l'évidence que d'autres biens et services ne rentrent pas nécessairement dans ce cadre restreint de marchandises qui sont soumises aux influences provenant des deux côtés du marché, l'offre et la demande.

Il peut s'agir d'autres biens à usage collectif produits par d'autres types d'agents pour les besoins de la collectivité.

Il faut donc dès le départ comprendre qu'il existe plusieurs types de biens dans l'économie dont seule une catégorie est à présent examinée ci-après, celle qui est demandée et produite à titre d'usage privé et dont les prix sont soumis aux mouvements de l'offre et de la demande.

Cependant, en plus de ce type de bien, l'Economie Scientifique s'intéressera aux contrats dont les montants et autres conditions liées sont fixés pour une durée plus ou moins longue.

Ces contrats ne sont pas soumis aux mêmes types d'influences que les prix du marché libre. Cependant, ils ont besoin d'être ajustés pour donner à l'économie un peu de flexibilité dans l'atteinte des objectifs du développement harmonieux de la collectivité.

C'est ainsi que la valeur globale des salaires a été l'objet d'un traitement particulier en la rendant globalement ajustable dans l'économie au moyen de l'effectif total en activité et du numéraire spécial créé pour assurer le décompte des montants des rémunérations.

Ce faisant, comme tout bien du marché libre dont la demande augmente quand le prix baisse, il devient possible de faire baisser la valeur du salaire pour augmenter l'effectif en activité en maintenant dans l'économie la même valeur du montant total des salaires.

Cet ajustement permet d'assurer une flexibilité parfaite d'un marché de l'emploi qui a plutôt été caractérisé par ses rigidités dans les nombreuses contributions au sein de l'économie empirique.

II. DYNAMIQUE DU COMPORTEMENT DU PRODUCTEUR DANS L'ÉCONOMIE : LA CONTROVERSE VERRY-SAY

2.1. Introduction

Nous admettons que les produits faisant l'objet des échanges libres et volontaires sont désirés pour satisfaire les besoins privés et que pour assurer leur première disponibilité, ils auront nécessité préalablement des dépenses de la part de leur producteur. A ce titre, nous admettons que le producteur ne peut acquérir à partir de rien (ex-nihilo) des biens et services marchands qui lui permettent d'engranger des recettes.

Par conséquent, tout producteur doit préalablement effectuer des dépenses pour obtenir la détention des marchandises qu'il désire produire. Il prend sa décision de les produire en ayant une connaissance du prix et de la demande des produits existants sur le marché. Il a donc une idée des recettes anticipées qu'il sera susceptible d'encaisser plus tard lorsqu'il proposera sa nouvelle production à la vente.

Ces dépenses préalablement effectuées sont des avances nécessaires pour toute activité de production. Ces avances sont définies au sens large comme le fait SAY en y incluant aussi bien tous les services de commercialisation que les frais de transport.

La nécessité de ces avances est connue dans la pensée économique et elle apparaît largement de façon explicite dans les analyses menées par TURGOT[40], SAY et VERRY[41], que SAY considère comme *« l'un des esprits les plus judicieux qui aient écrit sur l'économie politique »*.

Ainsi, pour le premier :

"Tous (Différents ordres de marchands) ont cela de commun qu'ils achètent pour revendre, et que leurs premiers achats sont une avance qui ne leur rentre qu'avec le temps."

Ces avances sont effectuées dans les achats des biens et services intermédiaires qui entrent dans la production de futures marchandises. Ces avances constituent également pour les bénéficiaires de ces fonds des revenus engrangés à la suite des ventes de biens ou services issus d'un précédent cycle de production et qui seront à leur tour utilisés soit dans la consommation finale soit dans la consommation intermédiaire en vue d'assurer la satisfaction d'autres besoins de production ou de consommation.

Si ces avances sont observées uniquement dans l'optique des dépenses, c'est-à-dire des achats de biens intermédiaires, il sera tentant de dire que ces achats conditionnent l'activité économique future ainsi que l'annonce VERRY :

"J'ai dit qu'en augmentant, les achats tendent à accroître proportionnellement les vendeurs et les reproducteurs dans un Etat, car plus il y a d'acheteurs et plus croît l'utilité d'être vendeur, et plus les vendeurs augmentent et plus se multiplient d'autant les reproducteurs."

---

40 Anne-Robert Jacques TURGOT, *Ecrits économiques, Calmann-levy*, 1970.

41 voir André TIRAN, 1993, "Piétro VERRY, aux origines de la théorie de la valeur et de la loi des débouchés de Jean-Baptiste SAY", Revue d'Economie, 103(3), mai-juin, pp. 445-471.

Ce schéma vertueux de la demande ne semble pas susceptible d'être appliqué à l'offre selon VERRY, qui écrit : « *on produit et on vend une marchandise d'autant plus qu'elle est recherchée, et elle est d'autant plus produite et vendue qu'elle est demandée, mais une marchandise n'est pas plus demandée parce que ceux qui la produisent et la vendent augmentent* »[42].

D'ailleurs, VERRY semble exclure la possibilité d'étendre à l'offre cette dynamique vertueuse engendrée par la demande. En effet, écrit-il selon la même source :

" *Celui qui dirait que lorsque dans un Etat les vendeurs augmentent, alors les acheteurs doivent aussi augmenter prononcerait des paroles qui ne contiennent pas une pensée réfléchie.*[43] "

Et pourtant, c'est bien ce que dit SAY, l'un des admirateurs de VERRY, qui, en écho à la proposition de VERRY, indique : " *tout vendeur est aussi un acheteur, alors si les vendeurs augmentent les acheteurs augmentent proportionnellement.* " Ainsi le père de la loi des débouchés annonce :

" *Leur nation leur offrira d'autant plus de débouchés, qu'elle peut payer plus de choses, et elle peut payer plus de choses à proportion de ce qu'elle produit davantage (...). En conséquence quand une nation a trop produit dans un genre, le moyen de les écouler est d'en créer d'un autre genre*"[44].

Par ailleurs, pendant que VERRY croyait en la possibilité de l'existence d'une crise de surproduction, pour SAY, « *le risque n'est pas que l'on produise trop mais bien plus que l'on ne produise pas assez, que les hommes n'utilisent pas eux-mêmes toutes les ressources productives qu'ils possèdent* ».

D'où la controverse entre VERRY et SAY dont l'importance semble avoir échappé à l'intérêt des économistes.

Cependant, dans le cadre de l'Economie Scientifique, cette controverse doit être éclaircie et élucidée afin de restituer clairement à chaque auteur la part de l'analyse qui lui revient.

---

[42] A. TIRAN, op.cit. p. 466, citant en traduisant P. VERRY.

[43] A.TIRAN, op.cit.

[44] J.B. SAY, " Traité d'Economie politique ", 1ere éd, 1803, Paris, Crapetet, p. 176, cité par A.TIRAN, op. cit. p. 468.

2.2 Analyse de la controverse VERRY - SAY

Il convient d'analyser les positions des deux auteurs qui, adoptant au départ des analyses proches l'une de l'autre, se retrouvent finalement dans des positions radicalement opposées.

A cet effet, nous procéderons à une relecture de ces points de vue à travers l'analyse des conditions et lois régissant l'équilibre économique global.

En effet, en privilégiant dans le processus de transformation économique la finalité, c'est-à-dire la production future, et notamment à travers les avances destinées à acquérir présentement des biens intermédiaires, il serait tentant de placer l'offre (anticipée) comme condition première de la croissance : c'est la très célèbre loi des débouchés de SAY ci-dessus rappelée.

Cependant, faut-il remarquer que pour disposer de ces avances et pour les dépenser ensuite, le futur producteur doit avoir préalablement vendu quelque chose pour acquérir le montant de ces avances ou bien il devra l'avoir obtenu de quelqu'un d'autre (dans des conditions à définir) qui aura acquis ces avances en cédant à quelqu'un chose d'équivalent.

Donc, aucun agent ne saurait, d'une part, être acheteur sans avoir été vendeur, ou sans avoir hérité de quelqu'un qui a vendu (on ne peut acheter à partir de rien), ou, d'autre part, être vendeur sans avoir été acheteur ou sans l'avoir hérité de quelqu'un qui a acheté (on ne peut vendre ce qu'on ne possède pas).

Dans ces conditions, il importe de relever que l'action de l'homme en tant qu'agent économique, producteur ou consommateur, se situe résolument dans un mouvement perpétuel et la question se pose de savoir bien prendre en compte le temps dans la formulation de chaque action.

Dans le cadre de L'Economie Scientifique, la délimitation de la discipline doit permettre de dire qu'une question posée relève bien de cette discipline ou pas. De plus, il devra également être possible de savoir que la question est bien posée ou pas. Dans le cas où la question n'est pas bien posée, celle-ci sera l'objet d'une reformulation complète avant de recevoir un traitement conséquent.

C'est ainsi qu'il est apparu nécessaire de compléter, au lieu de les opposer, les deux points de vue de ces auteurs en incluant dans leurs approches la dynamique entre l'offre (anticipée) et la demande manifestée sur le marché en préparation de la réponse à cette offre anticipée.

Ce faisant, ces points de vue ainsi complétés, en prenant en compte le temps, montrent clairement que les positions des deux auteurs sont plutôt complémentaires dans le cadre de l'Economie Scientifique.

En effet, il est apparu important, dès le départ, de décomposer les actions de vendeur et d'acheteur au cours du temps et de bien faire ainsi ressortir la succession de la nature et la qualité des biens, des acteurs ainsi que des relations concernées au cours de chaque étape.

C'est ainsi que, lorsque SAY dit qu'un vendeur de produit est aussi un acheteur de produit, il convient de savoir qu'il existe en réalité deux produits et qu'il ne s'agit pas d'un seul produit. De plus, il convient de savoir que l'un des deux produits précède l'autre, et, que, lorsque le second apparaît, au même moment le premier aura disparu.

Une loi doit lier et expliquer ces apparitions et disparitions de produits et montrer comment les processus de production-transformation production s'entretiennent dans la durée. Ainsi, il apparaît clairement possible de formaliser deux attitudes qui caractérisent le comportement de l'agent économique.

La première attitude sera désignée par « l'approche de VERRY » qui est relative au comportement du producteur en tant qu'acheteur des facteurs aux meilleures conditions de coûts.

La seconde est désignée par « l'approche de SAY », qui correspond au comportement du producteur en tant que vendeur des meilleures combinaisons de productions les plus lucratives.

Il convient de relever que la mise en œuvre de chacune de ces deux attitudes relève de la réalisation des conditions d'équilibre dans l'économie, avec le dénouement des différents engagements.

Cet équilibre potentiel ne sera effectif que lorsque, tous calculs faits et estimations effectuées, l'agent économique pense pouvoir rentrer dans ses fonds après les avoir dépensés. Cependant, il peut se tromper en cas de changement dans les réalisations attendues des anticipations ou de la contreperformance des facteurs engagés dans les achats intermédiaires.

Ainsi, le point de vue de VERRY sera pris en compte dans le comportement de dépenses du producteur qui est un comportement de minimisation de coût dans le choix des quantités physiques de facteurs et autres intrants dans la production future des quantités désirées du produit .

En revanche, le point de vue de SAY devient plutôt pertinent en considérant le producteur dans son comportement de maximisation des valeurs dans le choix des quantités de production les plus lucratives à produire.

Ainsi, les deux comportements distincts feront chacun l'objet d'un programme et les deux programmes seront complémentairement liés par les conditions de réalisation de l'équilibre global de l'économie.

III. COMPORTEMENT DE MAXIMISATION DU PRODUCTEUR DANS L'OPTIQUE DE SAY[45]

L'analyse de comportement selon « l'approche de SAY » permet de formaliser le comportement du producteur dans le choix des meilleures combinaisons de productions, c'est-à-dire les plus lucratives.

La décision du producteur peut se résumer à travers le programme explicité ci-après :

- l'agent économique est supposé connaître les types de produits existant sur le marché ;
- il se décide à assurer la fabrication de ces produits, non seulement en quantité suffisante mais avec efficacité et selon les meilleures conditions lucratives ;

[45] Le lecteur intéressé au traitement détaillé des opérations et calculs qui suivent peut se référer à la publication de l'auteur : « Le Fondement de la croissance et de la dynamique en Economie », Harmattan, 2003.

- l'ensemble de ces productions est représenté par un vecteur Y dont la dimension représente le nombre de biens de consommation dans l'économie ;

- il est supposé connaître avant le début du processus de production, les prix affichés de ces productions sur le marché et leur évolution à court terme prend en compte l'anticipation des acteurs économiques sur les prix futurs ;

- la décision de produire est prise avec l'idée que l'évolution de ces prix doit permettre de couvrir au moins les dépenses engagées au titre de l'utilisation des différents facteurs compte tenu de la technologie existante.

La production de ce vecteur exige au sein de chaque cycle, d'utiliser des facteurs tels que la terre, le travail, les produits phytosanitaires, les engrais, les machines, l'eau par le biais de l'irrigation, et biens d'autres éléments liés à l'encadrement technique, à l'environnement institutionnel, au cadre légal et réglementaire dont le coût est totalement ou partiellement pris en charge par l'acteur économique.

L'utilisation de ces facteurs est supposée assurée de façon efficace, c'est-à-dire sans aucun gaspillage, de la meilleure façon possible et dans les conditions de rentabilité optimale.

Enfin, la technologie dont dispose l'opérateur est décrite de façon très générale par une fonction de demande de facteurs notée g qui indique, pour un plan de production Y, la quantité minimale agrégée de facteurs nécessaires pour assurer la réalisation de ce plan de production de la façon la plus efficace.

Cette fonction de demande g est définie par les propriétés classiques suivantes telles que présentées dans Hal R. VARIAN (1992), ou dans Walter E. DIEWERT (1971) :

- elle est définie sur l'ensemble des productions possibles, c'est à dire l'ensemble des vecteurs Y de coordonnées toutes positives ou nulles ;

- elle est strictement positive sur l'ensemble des productions possibles ;

- elle est homogène de degré un ;

- elle est convexe.

Une autre hypothèse supposée par ailleurs vérifiée dans ce programme est que l'acteur économique fait un profit nul, en ce sens que tous les produits récoltés servent à financer un facteur déterminé. Il n'y a pas de facteur dont l'utilisation est gratuite, et il n'existe pas de rémunération gagnée sans avoir fait l'objet d'un engagement effectif d'un facteur particulier, matériel ou immatériel.

Le programme décrivant le comportement de production de cet agent représentatif s'écrit[46] :

$$\mathrm{Max}_{Y}\ P*Y$$

$$\begin{cases} G(Y) = Q \\ Y > 0 \end{cases}$$

P est le vecteur prix biens et services pratiqué sur le marché ;

G est une fonction de demande de facteur avec les propriétés habituelles rappelées ci-dessus

.*Y* est le vecteur des productions et services au niveau de toute l'économie ; *Y* est suffisamment détaillé pour autoriser une agrégation des productions et services catégorie par catégorie.

.*Q* est la quantité agrégée de facteurs au niveau de toute l'économie.

Cette solution s'écrit :

$$R\ (P,Q) = r\ (P).H\ (Q).$$

R (P,Q) est une fonction homothétique, c'est à dire qu'elle se déduit d'une fonction homogène à une transformation croissante près.

La fonction *H* n'est rien d'autre ici qu'une simple identité.

$$R\ (P,Q) = r\ (P).\ Q$$

---

46 Voir L. KEITA, « Le fondement de la dynamique de la croissance en économie », Harmattan, 2003 ».

Les conditions du premier ordre indiquent que les prix de vente s'écrivent donc :

$$P_i = \frac{R}{Q} \cdot \frac{\partial G}{\partial Y_i}$$

Observations :

Un des intérêts relevés dans l'étude est qu'il n'est plus nécessaire d'avoir recours à une enquête pour rétablir la structure optimale des revenus individuels et que les paramètres du modèle décrit peuvent être estimés sans difficulté[47] à partir des données macroéconomiques.

IV. COMPORTEMENT DE MINIMISATION DES DÉPENSES DU PRODUCTEUR DANS L'OPTIQUE DE VERRY

Le comportement décrit selon l'approche de VERRY correspond au choix des quantités de facteurs permettant d'assurer de manière efficace les dépenses de production en vue de la fabrication du vecteur de productions anticipé. Ce programme peut être résumé comme suit :

$$Min_{\,X}\, W.X$$

$$\begin{cases} F(X) = Z \\ X > 0 \end{cases}$$

avec :

. W le vecteur prix des facteurs et autres intrants pratiqué sur le marché ;

---

[47] Voir exemple d'utilisation dans la thèse de Doctorat de l'auteur, « Monnaie et Modélisation de l'offre agricole au Mali », Université de Paris VIII, Paris 1997.

.F est une fonction de production avec les propriétés habituelles : homogénéité, concavité, et différentiabilité au second ordre ;

. X est le vecteur agrégé de tous les facteurs utilisés au niveau de toute l'économie ; X est suffisamment détaillé pour autoriser une agrégation des facteurs, catégorie par catégorie.

. Z est la capacité agrégée de production de toute l'économie.

La résolution de ce programme est identique à celle qui a été menée au point précédent, et la solution s'écrit :

$$D(W,Z)=d(W).Z$$

A partir de cette solution, il est possible de dériver la structure optimale des dépenses selon les facteurs utilisés dans le processus de production. Cette structure permet, à travers les coefficients y figurant de déterminer les élasticités de substitution, des élasticités-prix directes et croisées, ce qui montre l'importance de ce système d'équations dans la détermination des paramètres fondamentaux de l'économie.

Par ailleurs, nous savons que le système de fonctions de demande des facteurs se déduit de cette structure à une transformation linéaire près.

Une présentation pédagogique des équations de demande peut être effectuée à l'image de celle des équations d'offre. Des exemples d'estimations économétriques des coefficients sont présentés dans la thèse de l'auteur à partir d'une hypothèse de quatre produits principaux choisis dans l'économie agricole du Mali.

Les liens mis en relief ainsi que les coefficients apparaissant dans les équations de demande, indiquent la détermination simultanée des fonctions de demande ainsi que le sens et l'importance des effets de substitution ou de complémentarité.

Les conditions du premier ordre indiquent que les prix des facteurs s'écrivent donc :

$$W_j = (D/Z) * (\partial F/\partial X_j)$$

V. COMPORTEMENT DE CONSOMMATEUR

La vente des facteurs auprès de l'entreprise procure aux agents économiques des revenus qu'ils utilisent dans l'acquisition des biens et services en vue de la satisfaction de leurs besoins.

Le comportement du consommateur est classique. Il s'agit pour l'agent représentatif, compte tenu d'un vecteur de prix P, d'une fonction de consommation U et d'un revenu R, de choisir un panier de consommation, idéalement celui-là même qu'il a produit, en vue de lui permettre de satisfaire pleinement ses besoins de consommation sous la contrainte budgétaire. De façon simplifiée, ce comportement est formalisé selon le programme suivant :

$$Max_Y U(Y)$$
$$\{ P.Y = R$$
$$avec\, Y > 0$$

Ici, le vecteur des prix *P,* comme indiqué précédemment, contient, pour chacun des prix individuels tous les éléments constitutifs depuis l'usine jusqu'au panier du consommateur.

La solution de ce programme s'écrit :

$$U(Y^*(P, R)) = V^*$$

Nous considérons que le vecteur des productions Y qui figure dans la consommation, est identique au vecteur Y qui figure dans la décision de production.

Les conditions du premier ordre indiquent que les prix d'équilibre se présentent comme suit :

$$P_i = (R/U) * (\partial U/\partial Y_i)$$

VI. CONDITIONS DE L'ÉQUILIBRE GÉNÉRAL

Etant donné que les prix sont anticipés et donc sujets à une incertitude réelle de la part des agents opérant en toute liberté et en situation de concurrence, il est nécessaire que la pérennité des échanges soit assurée.

A cet effet, il se dégage un équilibre qui se caractérise par un certain nombre de conditions qui sont classées, à la suite de ALLAIS (1959) [48] en trois grandes catégories de lois, qui sont les lois de transformation, de conservation et d'équivalence.

6.1. Lois de transformation

Ces lois indiquent la transformation :

- services et produits en satisfaction à travers la fonction d'utilité *U* ;

- des services en biens et des biens en services, à travers les fonctions de production (*F)*,

- les productions en demande des facteurs *(G).*

Ces lois sont très importantes et on en retrouve des idées dans les analyses formulées chez SAY, aussi bien que chez VERRY. En effet, pour SAY, comme le rappelle TIRAN[49] :

"*On ne crée pas des objets : la masse des matières dont se compose le monde ne saurait augmenter ni diminuer. Tout ce que nous pouvons faire, c'est de reproduire ces matières sous une autre forme qui les rende plus propres à un usage quelconque qu'elles n'avaient pas, ou seulement qui augmente l'utilité qu'elles pouvaient avoir* [...]."

Poursuivant son analyse, SAY montre le rôle de transformation que joue l'agriculture, comme l'industrie ou le commerce, et écrit : *"l'agriculture se borne à recueillir les fruits de la nature, l'industrie sépare, mélange, façonne les produits*

---

[48]M. ALLAIS, 1959, page 127.

[49] J.B. SAY, Traité d'Economie politique, 5eme éd, p. 6, cité par A. TIRAN, op.cit. p. 453.

de la nature et quand à l'industrie commerciale elle met les objets à notre portée[50]*."*

Une telle conception des activités de production se retrouve antérieurement chez VERRY, ainsi que l'écrit TIRAN : "[...] *les opérations de production ou de commerce se résument ainsi : "rapprocher et séparer sont les seuls éléments que l'esprit humain retrouve en analysant l'idée de reproduction ".*

6.2. Lois de conservation

Ces lois expriment essentiellement le principe de comptabilité à partie double, en valeur et en matières. Elles signifient que pour assurer la pérennité des opérations de productions, il est nécessaire que la chaîne des flux de dépenses jusqu'à la fin des opérations de production soit couverte en valeur par celui des revenus liés à ces mêmes activités.

On écrit, en tenant compte des dépenses préalablement effectuées avant d'engranger les recettes :

$$D\,(W,\,Z)_{t} \equiv R\,(P,\,Q)_{t+\epsilon}$$

La valeur commune de ces revenus monétaires correspond à l'équilibre au revenu distribué aux opérateurs économiques et que ceux-ci peuvent utiliser pour acquérir les produits de consommations finales ou des capitaux investis en termes de biens d'investissement.

Cette loi montre que la production est représentable par une immense chaîne de circulation des valeurs nominales matérialisée par celle des quantités nominales de biens et services.

Elle exprime une condition minimale montrant que le revenu tiré des produits obtenus à l'étape des produits finaux doit pouvoir compenser au moins la dépense sur les produits et services intermédiaires transformés au cours du processus de la production-transformation.

Cette condition indique que ce processus de transformation ne doit pas être un processus de destruction de valeur nominale, sinon, cela signifierait au plan global pour l'ensemble de la collectivité que celle-ci a subi un transfert négatif de revenu et

---

50 J.B. SAY, op.cit. p.10, cité par A. TIRAN,op. cit. p. 460.

qu'elle s'est donc appauvrie. Nous verrons, un peu plus loin, les difficultés pratiques posées pour le respect de cette relation et la nécessité de trouver un mécanisme adapté pour ramener les dépenses de charges au niveau équivalent des recettes.

6.3. Lois d'équivalence

Ces lois d'équivalence prennent en compte la vérification des conditions de premier ordre des différents programmes de comportement de l'agent et expriment essentiellement des résultats presque classiques, que l'on peut résumer ainsi à la suite de ALLAIS (1959) [51] qui écrit :

"*qu'à l'équilibre l'utilisation de tout bien correspond à la production d'un bien économiquement équivalent, c'est-à-dire de même valeur. Ainsi à l'équilibre, l'utilisation pour une valeur donnée d'une unité supplémentaire d'un facteur de production déterminé équivaut à une production supplémentaire de valeur égale*".

Ces lois montrent qu'à l'équilibre, si l'on envisage d'accroître l'offre d'un produit, il faut s'attendre à consentir des dépenses dont le montant ne dépasse pas la recette unitaire attendue de la vente de ce produit. Considérons les conditions du premier ordre ci-après :

$$P_i = \frac{R}{Q} \cdot \frac{\partial G}{\partial Y_i}$$

Ces conditions sont relatives au programme de maximisation des recettes. Elles indiquent qu'à l'optimum, le coût lié à une augmentation de la demande de facteur dans la production de l'output Y_i doit être compensé par le prix de vente de ce produit.

Autrement dit, à l'équilibre, le prix est révélateur de la somme des services futurs actualisés représentant la valeur.

Par conséquent, en prenant une mesure qui réduit par exemple d'un certain montant les revenus futurs d'un investis-

[51] Op. cit. p. 128.

sement, la valeur présente de cet investissement se trouve aussitôt réduite.

VII. CONDITIONS DE CONSERVATION ET ÉQUILIBRE SUR LE MARCHE DES BIENS ET SERVICES

Reprenons l'analyse de SAY, selon laquelle l'offre crée sa propre demande, écartant du coup tout risque de surproduction.

Il reste clair, qu'à l'équilibre, la valeur de l'offre notée $P.Y$ aura été préalablement dépensée dans l'économie pour l'acquisition des facteurs et autres intrants nécessaires à cette production.

Cependant, il reste à vérifier que ces rémunérations préalables des facteurs n'ont pas été destinées à acquérir des biens et services autres que ceux que ces rémunérations ont permis de produire à travers les facteurs qu'elles ont permis d'acquérir.

En effet, la mévente de cette production reste possible si ces rémunérations reçues de l'utilisation des facteurs sont thésaurisées ou utilisées pour acquérir d'autres biens et services alors que d'autres rémunérations ne viendraient pas en compensation pour l'acquisition des premières productions.

Donc, SAY, en écartant les risques de surproduction, ne semble-t-il pas, de notre point de vue, privilégier plutôt la réalisation des conditions de conservation qui ne constituent qu'une des conditions de l'équilibre économique ?

En effet, si ce revenu est utilisé pour être thésaurisé ou pour acheter autre chose que les productions réalisées grâce à ces dépenses, alors la correspondance entre la valeur des dépenses productives et celle des produits offerts ne coïncide plus avec l'équilibre sur le marché des biens.

Une position plus réaliste consisterait par exemple à supposer que les dépenses effectuées à la date t pour réaliser une production qui sera disponible à la date $t+\mu$, seront utilisées comme revenus pour consommer des produits issus d'un cycle précédent de production $t-\mu$.

Par conséquent, rien a priori ne peut conduire à une égalité entre la valeur des dépenses de production et celle des productions disponibles sur le marché en tenant compte des décalages liés au temps entre le moment où sont effectuées les dépenses et le moment où les productions résultant de ces dépenses sont disponibles pour être consommées.

VIII. CONDITIONS DU PREMIER ORDRE ET COHÉRENCES DES LOIS DE TRANSFORMATION

A partir de ces conditions du premier ordre, il ressort que les multiplicateurs associés aux programmes de maximisation des recettes, de minimisation des dépenses de facteurs, et de maximisation de l'utilité dépendent de l'utilité globale de la collectivité et de la richesse globale générée au sein de l'économie tout entière et s'écrivent en fonction des grandeurs globales au sein de l'économie. Ces multiplicateurs se présentent respectivement comme suit :

$$\lambda = \frac{R}{Q}$$

$$\mu = \frac{R}{Z}$$

$$\eta = \frac{U}{R}$$

Par ailleurs, pour assurer la réalisation de l'équilibre économique général, les conditions du premier ordre imposent des conditions de cohérence pour rendre compatibles les comportements des agents avec les conditions d'optimalité.

Lorsque certaines de ces conditions ne sont pas vérifiées, cela introduit dans l'économie un dysfonctionnement qui est inhérent au système lui-même.

En reprenant les lois de l'équivalence, on vérifie le contenu de ces égalités. Ainsi :

$$P_i = \frac{R}{Q} \cdot \frac{\partial G}{\partial Y_i}$$

Cette relation signifie, qu'à l'équilibre optimal, le prix de vente d'une unité supplémentaire du produit i sur le marché, s'écrit comme l'équivalent du produit de deux facteurs qui sont :

- la recette maximale attendue par unité de facteur agrégé,

- la demande physique en facteur agrégé nécessaire pour faire face à une offre marginale en produit i.

Cette formulation indique qu'à l'équilibre, le prix d'un produit traduit le coût maximal attendu de l'engagement des facteurs nécessaires à la production d'une unité supplémentaire de ce produit.

En ce qui concerne la rémunération des facteurs, la relation homologue à la précédente s'écrit :

$$W_i = \frac{R}{Z} \cdot \frac{\partial F}{\partial X_i}$$

Cette écriture signifie que la rémunération d'une unité du facteur i doit être équivalente, à l'équilibre optimal, au produit du coût moyen par unité de production agrégée au sein de l'économie par la productivité marginale du facteur i.

Tout comme précédemment, cette formulation indique qu'à l'équilibre, le coût d'un facteur traduit la recette maximale attendu de la vente du produit obtenu à la suite de l'utilisation d'une unité supplémentaire de ce facteur.

Cette relation montre la complexité de la détermination du prix qui reste lié à la richesse totale au sein d'une économie et à la capacité globale de l'économie.

Avant de conclure sur ce point, il convient de relever que le prix d'un produit final vendu pour la consommation finale fait l'objet d'une seconde évaluation à partir du comportement du consommateur à travers ses sensibilités psychologiques.

En effet, on vérifie à partir du troisième programme d'optimisation l'égalité suivante :

$$P_i = \frac{R}{U} . \frac{\partial U}{\partial Y_i}$$

Cette relation signifie que le prix payé par le consommateur est couvert par le produit de deux facteurs reflétant l'un, le revenu moyen par unité d'utilité au sein de l'économie et l'autre, par la variation de l'utilité consécutive à un accroissement marginal du produit *i* dans le panier du consommateur.

Cette relation signifie qu'à l'équilibre, le prix d'un bien traduit le la dépense maximale attendue de l'utilité obtenue à la suite de la consommation d'une unité supplémentaire du produit concerné.

Ces relations décrivant les conditions du premier ordre offrent une analyse plus riche que les analyses traditionnelles menées simplement en termes d'égalité entre salaire réel et productivité du travail ou de la désutilité du travail.

IX. DE LA DYNAMIQUE VERTUEUSE DE L'ÉCONOMIE : COMMENT DÉCLENCHER CETTE DYNAMIQUE ?

De l'analyse de la controverse entre VERRY- SAY, et en tenant compte du principe de conservation, il est essentiel de comprendre, comme le rappelle, à juste titre, ALLAIS (1959)[52] que : " *c'est la demande des services consommables qui constitue le mécanisme moteur de toute économie*", ce qui correspond, dans le cadre des présents travaux, au programme de minimisation des coûts des facteurs.

Des dépenses sont aujourd'hui déclenchées sous l'espoir de gain futur et sur la base du respect des engagements contractuels des salariés, de l'utilisation efficace des ressources et de la réponse adéquate des facteurs engagés dans le processus de production.

Par conséquent, pour éviter de retomber dans une nouvelle controverse, il est essentiel de remarquer une relative antériorité des flux de dépenses (productives) par rapport à ceux des

[52]M. ALLAIS, op. cit. p. 124

recettes qui seront issus de la vente des futurs produits attendus du processus de production.

Il résulte donc, de ce principe de conservation, qu'en tout point du temps, pour assurer une évolution optimale de l'économie, il faut qu'il y ait équivalence entre ces deux types de flux : de dépenses et de recettes.

Ce principe a déjà été abordé par le jeu des avances et des rentrées de fonds à propos duquel TURGOT[53] écrit :

"[...] Tous (Différents ordres de marchands) ont cela de commun qu'ils achètent pour revendre, et que leurs premiers achats sont une avance qui ne leur rentre qu'avec le temps. Elle doit donc leur rentrer comme celle des entrepreneurs de culture et de fabrique, non seulement tout entière dans un certain terme pour être reversée dans de nouveaux achats , mais encore : 1° avec un profit égal au revenu qu'ils pourraient acquérir avec le capital sans aucun travail ; 2° avec le salaire et le prix de leur travail , de leurs risques, de leur industrie. Sans l'assurance de cette rentrée et de ces profits indispensables, aucun ne pourrait le continuer : c'est d'après ce point de vue qu'il se règle dans ses achats, sur le calcul de la quantité et du prix des choses qu'il peut espérer de vendre dans un certain temps. [...].

"C'est cette avance et cette rentrée continuelle des capitaux qui constituent ce qu'on doit appeler la circulation de l'argent, cette circulation utile et féconde qui anime tous les travaux de la société, qui entretient le mouvement et la vie dans le corps politique, et qu'on a grande raison de comparer à la circulation du sang dans le corps animal. Car si, par un dérangement quelconque dans l'ordre des dépenses des différentes classes de la société, les entrepreneurs cessent de retirer leurs avances avec le profit qu'ils ont droit d'en attendre, il est évident qu'ils seront obligés de diminuer leurs entreprises, que la somme du travail, celle des consommations des fruits de la terre, celle des productions et du revenu, seront d'autant diminuées, que la pauvreté prendra la place de la richesse, et que de simples ouvriers, cessant de trouver des emplois, tomberont dans la plus profonde misère."

---

[53]TURGOT, op.cit. pp. 161-163.

Cette équivalence entre des flux suppose l'existence d'une unité commune de mesure dans laquelle chacun des flux pourrait être exprimé. Les préoccupations dans le domaine de la mesure de la valeur ont déjà été prises en compte dans les présents travaux pour qu'il ne soit nécessaire d'y revenir.

X. INTÉRÊT HISTORIQUE DE L'ÉQUILIBRE GLOBAL ET PERSPECTIVE NOUVELLE D'ANALYSE

A l'équilibre économique général, la richesse totale est déterminée simultanément par la réalisation de plusieurs conditions traduisant l'égalité de la rémunération totale des facteurs (W^*X) avec le revenu global généré (PY) et par un niveau d'utilité atteint par ce niveau de revenu qui constitue en même temps la richesse totale qui dépend des capacités techniques du pays (F, G), des facteurs totaux disponibles et la qualité de leur gestion (Q, Z) . Ces conditions simultanées s'écrivent comme suit :

$$\begin{cases} P.\, Y(P,Q,G) = W.\, X(W,Z,F) = R = D \quad \text{et} \\ U(P,R) = U^* \end{cases}$$

Il apparaît clairement que l'on ne saurait attribuer exclusivement à l'offre, ni à la demande, ni même à l'utilité ou aux facteurs psychologiques l'origine de la détermination de la richesse au sein de l'économie.

Ces différentes conditions nous suggèrent plutôt de considérer la richesse totale comme le fait de la détermination simultanée des conditions de marché, de la technologie (F,G) des facteurs disponibles (Q) au sein de cette économie et de la capacité de production totale (Z) ainsi que des conditions psychologiques des agents (U).

Cette formulation a l'avantage de montrer la contribution qui pourrait être attribuée à chacune des causes possibles énoncées dans les avis émis par les économistes des siècles passés pour fixer l'origine de la richesse.

En effet, certains économistes ont privilégié le travail comme la seule origine de la richesse, ou, d'une façon générale, les coûts de production, d'autres ont placé l'utilité comme source de la richesse.

Nous n'allons pas traiter des contre-exemples montrant les limites assez connues de ces avis. Cependant, il est facile de relever, à l'analyse du système des équations indiquées ci-dessus, que l'avis plaçant l'origine de la richesse sur le travail ou sur l'ensemble des charges ou sur l'utilité est à l'évidence simpliste car un tel avis ne porte en réalité que sur l'une des conditions assurant l'équilibre économique.

Pour la même raison, l'offre ne saurait être retenue comme l'origine exclusive de la richesse.

En revanche, chacun de ces éléments de l'analyse intervient dans la détermination de la richesse au sein d'une collectivité déterminée. Chacun d'eux est important, mais aucun d'eux n'est à lui seul suffisant pour déterminer la richesse totale.

En conclusion, la richesse, qui est définie comme une quantité d'unités de valeur (ou d'étalons), véhiculée sous forme monétaire en quantité de numéraires, apparaît comme le résultat de la détermination d'un équilibre simultané prenant en compte tous les facteurs de production, de technologie, de goût, de la plus ou moins grande efficience avec laquelle les processus de transformation sont opérés, des conditions de demandes et d'approvisionnement du marché, de la disponibilité des informations, etc.

Dans le même ordre d'idée, ALLAIS[54] caractérise la valeur comme étant « *essentiellement un phénomène collectif ; elle n'a de sens que dans un marché déterminé à un instant donné, elle fait partie d'un tout dont il n'est pas possible de la séparer* ».

Le prix étant l'expression de cette valeur choisie dans un numéraire déterminé, il apparaît que les prix des différents objets restent interdépendants sur un marché.

De plus, il reste facile de vérifier, qu'à l'équilibre les prix s'écrivent :

---

[54] M. ALLAIS, op.cit. pp. 155-156.

$$P_i = \frac{R}{Q} \cdot \frac{\partial G}{\partial Y_i}$$

Cette écriture confirme que les prix d'équilibre sont liés à la richesse d'équilibre *R*, et à la façon dont globalement les facteurs sont utilisés (*Q*) au niveau global de l'économie.

XI. POLITIQUES ÉCONOMIQUES

Supposons qu'un gouvernement peut peser sur des termes du système d'équations définissant les conditions de conservation. Il peut, en considérant comme fixes les différents types de revenus distribués (W_i X_i), selon les exigences de politique, faire de la politique économique en jouant sur les éléments du terme *P.Y*.

Il faudrait, dans cette optique que le membre *P.Y* s'ajuste, c'est à dire que la production en valeur s'ajuste. En encourageant la production d'un produit particulier et en affectant son prix, l'Etat peut modifier au moins certains prix relatifs et par conséquent, l'offre globale aussi. On dit dans ces conditions que l'Etat fait de la politique économique.

Pour que cela soit effectif, il importe que des éléments constitutifs du prix relèvent de la décision publique notamment par la :

- fiscalité (par la dépense des unités privées) ;
- subvention (par les recettes des unités privées).

En modifiant la fiscalité sur les prix, on modifie durablement les prix relatifs et par conséquent, à la longue les producteurs adoptent le marché en répondant aux incitations administrées à leurs activités. Les coefficients d'élasticité sont des indications précieuses pour montrer l'importance des effets et leur qualité.

La subvention, sans affecter à court terme le marché, corrige le bilan des unités privées après les sanctions du marché. L'intention du gouvernement d'orienter les décisions des autres acteurs dans le sens d'une prise en compte des besoins futurs se fait sentir à travers les incitations en matière de fiscalité et d'aménagement des conditions légales et réglementaires régissant le monde des affaires.

Les différentes recettes de politique sont plutôt traditionnelles et maîtrisées dans la profession par les praticiens. Nous estimons qu'une fois reconnu le cadre conceptuel de l'Economie Scientifique, les praticiens de l'économie seront les mieux placés pour adapter leurs propres techniques.

Ainsi seront-ils en mesure de prendre efficacement en charge leurs préoccupations habituelles de l'économie au service de la plus grande majorité.

Pour leur laisser cette opportunité et la possibilité de découvrir la nécessité de cette approche, nous rappelons l'exemple de l'utilisation des propriétés globalisantes du numéraire que nous avons opérée dans le cadre de la politique de solidarité dans la création de l'emploi.

Cet exemple nous paraît suffisamment porteur pour permettre aux praticiens d'améliorer leur performance opérationnelle et collective.

Il ne s'agira pas pour nous de nier les efforts qu'ils font sur la base de leur engagement dans la résolution de problèmes de développement parfois complexes, mais qui dépassaient jusqu'ici les connaissances accumulées dans leur discipline.

Nous allons revenir sur ce point, ainsi qu'il suit, dans le cadre des présents travaux sur les liens entre les conditions d'équilibre économique et la politique de solidarité dans la création de l'emploi.

XII. DE LA COHÉRENCE ENTRE LA POLITIQUE DE SOLIDARITÉ DANS LA CRÉATION DE L'EMPLOI ET LES CONDITIONS DE RESPECT DE LA RELATION DE CONSERVATION

Nous avons constaté, à la base de la formulation de la politique de solidarité dans la création massive de l'emploi, l'importance de distinguer au moins deux types de prix dans l'économie, à savoir, les prix du marché libre et les montants des contrats, chaque type de prix respectant une logique propre.

D'une manière encore plus spécifique, les prix des contrats apparaissent comme des charges dont les dépenses sont décidées quelquefois avant même le début du processus de transformation.

Ces dépenses sont prises en compte parmi les éléments du terme de gauche dans les conditions de conservation et représentent les dépenses optimales (minimales nécessaires) pour produire la richesse totale *R(P, Q)*.

$D\ (W,\ Z)_t \equiv R\ (P,\ Q)_{t+\epsilon}$.

Le terme de droite de cette relation désigne la richesse totale qui représente les recettes maximales attendues de la vente des produits fabriqués à l'issue des dépenses précédemment engagées dans le processus de production.

Donc, toute inefficacité ou tout dysfonctionnement commis dans le processus de transformation et portant sur le terme représentant les charges ou sur le terme représentant les recettes, auront pour conséquence de rompre l'équilibre attendu dans le sens d'un gonflement des charges ou d'un rétrécissement des recettes, ce qui peut s'écrire dans tous les cas :

$D\ (W,\ Z)_t > R\ (P,\ Q)_{t+\epsilon}$

Un tel dysfonctionnement caractérise une inefficacité générée par le système lui-même. Ce dysfonctionnement ne peut être corrigé automatiquement par ce même système.

Donc de manière systémique, le non-respect de la relation de conservation doit être considéré comme un événement des plus probables et qui exigera par moment de prendre des mesures de rétablissement de l'équilibre.

C'est ainsi que la politique de solidarité dans la création de l'emploi, en nous suggérant la création d'un numéraire spécifique, le numéraire contractuel, pour décompter les charges de salaires, nous permet de comprendre l'intérêt d'étendre le mécanisme de ce décompte à l'ensemble des charges de l'économie.

Ce faisant, à travers la mesure de l'affaiblissement du numéraire contractuel, l'Economie Scientifique met en place une méthode de mise en cohérence de la valeur globale des charges avec le respect de la relation de conservation assurant ainsi la continuité des affaires.

Ainsi, un affaiblissement du numéraire contractuel permet de corriger les surcoûts liés aux différentes inefficacités et inefficiences intervenues, dans le choix et l'utilisation des facteurs de production ainsi que les cas d'apparition des moins-values relatives aux réponses de l'offre.

Cette manipulation d'instrument monétaire permet de ramener la valeur des charges à un niveau équivalent à celui de l'offre afin de rétablir la relation de conservation sans devoir procéder à des ajustements quantitatifs opérés sur l'emploi ou sur les machines ou autres facteurs. En effet, la cause de la rupture de l'équilibre peut être systémique et non pas liée à des raisons techniques sur l'effectif ou sur les matériels.

Une telle restriction imposée aux facteurs engagés dans la production pourrait en effet contribuer à faire baisser les montants des charges en cause, mais ne pourrait pas nécessairement rétablir l'équilibre qui se trouvait en fait rompu de manière systémique.

Par conséquent, de proche en proche, le risque est réel que, les gestionnaires viennent à prendre des mesures de restriction répétitives faute de résultats tangibles obtenus lors des précédentes restrictions.

Il est intéressant de comprendre que si des dysfonctionnements inhérents au système peuvent naturellement survenir et rompre un équilibre fondamental en empêchant la pérennité des affaires, alors il apparaît nécessaire de pouvoir disposer d'un instrument de politique susceptible de prendre en charge la correction de ce type de dysfonctionnement s'il advenait.

D'où la confirmation de l'intérêt de pouvoir disposer d'un numéraire contractuel, tel que cela a déjà été établi dans le cadre de la politique de solidarité dans la création de l'emploi.

Cette politique de création du numéraire contractuel constitue une avancée majeure dans la mise à disposition aux mains de l'Etat, d'un instrument, d'un moyen légal, consensuel, efficace, neutre pertinent, d'effet spécifique et dont l'impact atteint ses buts.

XIII. SOLIDARITÉ DANS LA PRODUCTION OU SOLIDARITÉ DANS LA CONSOMMATION

La proposition de solidarité dans la création de l'emploi est un dispositif qui permet d'éviter des licenciements massifs assortis de paiement d'indemnités et de droits sociaux lourds à des exclus du système pour leur demander de rester hors du travail à la charge des personnes qui travaillent.

Il nous revient de constater que le fait de payer des droits et indemnités pour permettre à ceux qui travaillaient de quitter le monde du travail constitue également une forme de solidarité qui permet à ceux qui ne travaillent plus, de continuer à vivre à la charge de ceux qui travaillent en attendant des jours meilleurs qui malheureusement peuvent tarder à venir.

Cette forme de solidarité ne serait-elle pas une solidarité dans la consommation ?

Par conséquent, entre les deux formes de solidarité, quelles pourraient bien en être les similitudes ou les dissemblances ?

Nous avons enregistré plusieurs vertus dans le cadre de la solidarité dans la création de l'emploi, notamment en faisant bénéficier les nouvelles recrues d'un salaire et d'un emploi convenables.

Cette nouvelle forme de solidarité constitue également une solidarité dans la consommation. De plus, le bénéficiaire de cette solidarité n'est plus menacé de diminution voire d'extinction de droits ou d'indemnité. En outre, pour lui est fini le temps où il gérait les fins de mois voire de semaine difficiles. Mieux que tout cela, il n'a plus le sentiment d'être une charge pour la société.

Par ailleurs, au-delà des bénéfices individuels visibles et directement engrangés à la suite de cette mesure novatrice de solidarité, les effets d'ensemble de la mesure méritent encore plus d'intérêt par son pouvoir de correction de nombreuses autres erreurs, incohérences et insuffisances que nous avons recensées dans l'histoire économique des pays.

XIV. RETOUR SUR L'EXAMEN DES PROBLÈMES PRIORITAIRES DANS LES PAYS EUROPÉENS MEMBRES DE L'EURO

14.1. Introduction

Nous avons jugé utile d'appliquer les concepts que nous avons élaborés à la situation réelle des pays européens.

Il s'agit pour nous de montrer, sans être au parfum des décisions secrètes prises dans les bureaux conçus à cet effet et par des personnes mandatées pour cela, que les présentes analyses sont effectuées uniquement dans l'idée d'aider à la résolution des problèmes de l'homme, sans distinction de couleur, de religion, de pays et que sais-je encore ...

Le présent travail est donc fait gratuitement, ne serait-ce que par reconnaissance de l'auteur pour la libre jouissance de cette Terre dont chacun de nous bénéficie pour s'y déplacer librement, même si cela est parfois contrarié par des pratiques négatives.

De toutes les façons, il n'y a pas lieu de se plaindre des pratiques négatives quand elles peuvent nous permettre d'avancer en nous enrichissant de nos erreurs…

A partir des informations les plus courantes, disponibles dans la majeure partie des quotidiens en France[55], nous avons procédé à un état des lieux des problèmes économiques et sociaux dans ce pays dont la situation est décrite à titre d'exemple pour avoir une idée de la situation dans les autres pays membres de l'euro.

Par la suite, nous avons examiné les propositions de sortie de crise qui ont retenu la préférence des acteurs politiques, puis

[55] L'état des lieux décrit ici provient en grande partie des informations du Journal *Le Figaro* du 22 février 2016 qui a été fourni gratuitement à l'auteur par un de ses amis d'une banlieue de la région parisienne à la fin d'un précédent voyage de l'auteur en France ; un voyage qu'il a failli ne pas effectuer du fait du refus de visa apposé à Bamako dans son passeport ; un refus finalement annulé suite à l'incompréhension d'un membre du consulat de France devant l'empêchement décidé contre un père qui veut aller en France pour répondre à l'invitation de sa fille française, malgré le paiement des frais qui devraient de surcroît lui être gratuitement fournis.

cherché à apprécier leur pertinence et leur efficacité à travers les concepts que nous avons élaborés.

Enfin, nous avons choisi de faire des propositions alternatives qui sont de nature à constituer de vraies solutions aux préoccupations fortement exprimées.

14.2 Etat des lieux des problèmes économiques et sociaux dans les pays européens membres de l'Euro

Dans la presse, il apparaît que le chômage est déclaré comme priorité en France, car la population active qui ne bénéficie pas d'un travail suffisant pour être considérée comme employée est évaluée à une proportion de 20 % de la population active soit 5 700 000 agents en décembre 2015.

Avec un niveau de dépenses publiques représentant plus de 57 % du PIB, la fiscalité est jugée confiscatoire par certains observateurs qui y trouvent la cause du départ à l'étranger de 80 000 personnes à haut potentiel et de l'évasion de plus de 300 milliards d'euros de capital productif.

Quant à la qualité des dépenses, la Cour des comptes en février 2014 suggère d'améliorer l'efficacité de la gestion publique et de faire des économies sans remettre en cause la qualité de l'action publique.

A la fin du 3ème trimestre 2015, la dette française s'établit à 2 103,2 milliards d'euros, soit 96,9% du PIB quand la dette publique doit rester inférieure à 60 % du PIB selon les critères de l'Union.

Au même moment, les partenaires sociaux sont appelés à sauver le régime d'indemnisation des chômeurs dont la dette dépassera 35 milliards en 2018, quand plus tard, la presse fait état des difficultés que rencontre le projet de modification du code du travail, etc.

Cette presse ne manque pas de propos durs pour décrire une situation sociale alarmante et sans perspective de sortie de crise avec à la clé une grève de naissance ayant entrainé une baisse de 19 000 naissances en 2015, et un niveau d'emploi marchand resté bloqué à son niveau de 2002, soit 15,8 millions de postes de travail.

Bref, pour la presse, c'est fini l'angélisme idéologique, l'heure est, selon elle, enfin au retour du réalisme politique[56] : *« Terrorisme islamiste, tensions diplomatiques, fragilité économique, chômage, chômage de masse, épuisement des ressources, mondialisation sauvage, communautarisme destructeur, insécurité galopante, pertes de repères, impuissance publique »*.

Il est clair qu'une telle conclusion cache difficilement l'état d'âme d'un auteur plutôt frappé de désespoir par l'absence de perspective de sortie de crise.

Un tel désespoir pousse à l'extrémisme dans tous les domaines et sur tous les plans, politique, économique, militaire ou même religieux. Par conséquent, il est important que la société dans son ensemble entretienne la création de projets porteurs d'espoir.

Ce faisant, les idées finissent par converger vers des projets d'une société où il ferait mieux vivre, offrant l'opportunité de plus d'entraide, de fraternité, de solidarité et où existe l'espérance de pouvoir faire demain ce qui n'a pas pu être fait hier.

14.3. Stratégies en place ou l'absence de stratégie

Pour assurer le traitement classique de ces problèmes, les auteurs des propositions de programmes révélés par la presse rivalisent d'ardeur pour préconiser un ultralibéralisme qui passe par un traitement d'amaigrissement de l'Etat et un programme d'allègement des contraintes sociales et fiscales qui pèsent sur les entreprises.

La baisse des impôts est préconisée jusqu'à hauteur d'une économie de 110 milliards d'euros selon certaines propositions, quand d'autres projettent de limiter la barre des dépenses à 50% et d'autres encore de supprimer 100 000 postes de fonctionnaires par an pendant 10 ans, avec la liberté donnée aux collectivités locales d'embaucher sous contrats privés.

---

[56] Article du *Figaro*, « Liberté économique et ordre juste » du 22 février 2016, de Guillaume PELTIER

Des propositions pour libérer l'économie et le travail trouvent une bonne place dans les projets aussi bien de gauche que de droite. C'est ainsi que le projet de réforme du code de travail, initié par le Ministre Myriam El KHOMRI est donnée en exemple comme constituant une belle opportunité pour la droite de ne plus avoir peur de formuler des propositions radicales visant à libérer l'économie et le travail.

En France, des clins d'œil sont lancés en direction des pays comme l'Allemagne, le Royaume-Uni, le Danemark, l'Autriche ou les Pays-Bas comme pour montrer que la situation spécifique de la flexibilité du marché du travail, dont chacun de ces pays fait preuve dans un domaine particulier, serait la cause de l'embellie de la situation de l'emploi dans ces pays par rapport à la France, alors que ce pays cumulant des rigidités dans l'emploi, se retrouve dans la pire des situations.

Ainsi, la simultanéité des faits serait-elle associée à leur causalité, un raccourci rapidement pris dans les débats de ce type.

Par ailleurs, l'unanimité semble tellement acquise autour des idées de libéralisme économique, à gauche comme à droite, qu'elle provoque l'étonnement.

En effet, Henri GUAINO[57], constatant que les prétendants à la primaire à droite ne peuvent pas espérer faire moins que le gouvernement de gauche, n'a-t-il pas déclaré : *« Je suis frappé par cette espèce de course à l'échalote pour savoir lequel sera le plus thatchérien, le plus schrodérien, le plus ultralibéral ».*

Le moins que l'on puisse dire, c'est que les remèdes proposables à droite comme à gauche convergent vers les mêmes actions dont aucun résultat concret n'est avancé dans les impacts attendus dans un court terme.

C'est pourquoi, la stratégie adoptée par tous serait de ne pas promettre de résultats mais de prouver son grand courage politique assortie d'une grande audace, en acceptant de formuler, plus que les autres candidats potentiels, des propositions radicales sévères.

---

[57] Cité dans *Le Figaro* du 22 février 2016 page 2, dans l'article de Jean-Baptiste GARAT et autres.

14.4. Limites des avis et des propositions de sortie de crise

Force est de constater que cette course à l'ultralibéralisme met l'accent sur la réduction des dépenses, mais en même temps, le volet de la réduction des impôts qui lui est pendant est placé sous silence.

Pour s'en convaincre, François FILLON[58] ne met-il pas en garde lorsqu'il écrit à ce sujet : « *Ne nous mentons pas, il faut d'abord réduire la dépense publique avant de réduire les impôts »,* comme pour dire aux électeurs de savoir garder patience.

En effet, à l'analyse, les dépenses sont promises à être réduites, mais, pour autant, les futurs électeurs doivent s'attendre à ce que les impôts ne baissent pas automatiquement dans un proche avenir.

Quant au niveau de l'emploi, les réductions de dépenses publiques, qui sont annoncées comme preuve de courage politique, ne constituent certainement pas un moyen de le relever.

En conclusion, les propositions de sortie de crise ne font pas d'hypothèse sur les impacts attendus sur l'emploi malgré diverses manifestations de sentiments ultralibéraux.

Tout se passerait comme si l'expression de ces sentiments permettait aux candidats de se démarquer les uns des autres, afin de pouvoir bien se préparer pour affronter les prochaines échéances électorales sans devoir promettre autre chose aux électeurs que le courage politique d'annoncer de fortes réductions de dépenses publiques.

Une telle situation ne semble-t-elle pas suggérer que, lorsque l'économie se porte mal, alors il faut sacrifier l'homme, cet homme qui est à la base de la production de richesse dans un pays ?

---

[58] François FILLON, cité dans le même numéro du *Figaro*, par Marie VISOT, L'Evènement page 3.

14.5. Politique alternative de sortie de crise : la politique de solidarité dans la création massive de l'emploi

14.5.1. Préparation de la loi instituant l'euro contractuel

Nous savons que dans le cadre de l'Economie Scientifique, chaque pays européen constitue une collectivité d'échanges libres et volontaires. Par conséquent, il apparaît normal qu'il y ait des sensibilités différentes d'un pays à l'autre sans que cela soit l'objet de préoccupation particulière.

Nous savons également que cette Economie Scientifique prévoit un instrument de politique de solidarité pour corriger des types de dysfonctionnement interne au système de transformation-production que constitue le processus économique.

Nous allons désigner cet instrument par l'appellation *Euro Contractuel (EC)* qui constitue un numéraire de décompte des charges dans l'économie : salaires, loyers, endettement et remboursement.

Un tel instrument devrait être défini par la Loi ainsi que son étendue sur les contrats de travail, d'emprunt, de remboursement, de bail, etc.

Le projet de cette loi pourrait être initié par les instances compétentes au sein de l'Union Européenne et de ses pays membres conformément aux règles en vigueur dans chaque collectivité d'échanges et dans l'Union.

Il s'agit plus, pour des raisons pédagogiques et à titre d'application d'une théorie nouvelle, de décrire ce qui constitue l'essence de la proposition novatrice de politique que de vouloir s'immiscer dans ce qui pourrait être considéré comme une affaire interne à un pays.

Ce numéraire contractuel aujourd'hui est en tout point de vue confondu avec l'Euro.

Donc la loi précisera que 1 *EC* = 1 *Euro.*

Dans les faits, tous les calculs sur contrat seront effectués sur la base de l'Euro Contractuel, ensuite après conversion, sur la base de un Euro pour un Euro Contractuel, les ordres de virement ou de paiement seront effectués en monnaie circulante, l'Euro ayant le pouvoir libératoire.

La loi déterminera également les conditions de modifications de la définition de l'euro contractuel.

Pour rappel, nous savons que cette politique de solidarité en réalité sera préparée avec le monde du travail et le monde au chômage pour améliorer la situation de tous, sans dépenses nouvelles, sans financement nouveau, tout en améliorant tous les indicateurs habituels de performance économique et sociale.

La nécessité de fixer ces conditions est décrite ci-après :

14.5.2. Mise en œuvre de la politique de solidarité dans la création massive de l'emploi au sein des pays membres de l'Euro.

Nous savons que cet instrument ainsi mis en place permet à l'Etat de conduire une politique destinée à corriger des dysfonctionnements structurels qui affectent de manière systémique le déroulement des activités de production aussi bien du côté de l'offre que de la demande et indépendamment de leurs causes.

Cette politique permet, à travers une modification de la définition de l'euro contractuel dans le sens d'un affaiblissement, de renforcer l'effectif des salariés en diminuant d'autant la population au chômage tout en conservant la valeur des salaires dans l'économie. Autrement dit, cette politique, qui, lorsque l'économie semble aller mal, suggère de placer l'Humain au centre de l'économie et de toutes les préoccupations. Ainsi, comme d'un coup de baguette magique, tous les indicateurs de performance macroéconomique, sociale et même culturelle s'améliorent.

Le maintien de la valeur des salaires dans l'économie constitue un soutien aux activités de production puisque le salaire distribué en revenu constitue un élément important de la demande sur le marché. Il reste important de garder toujours à l'esprit la dynamique de l'économie.

Le gouvernement décidera, pour l'exemple, l'affaiblissement de l'euro contractuel en fixant sa nouvelle définition comme suit :

$1\ EC = 1\ Euro/(1 + 10\%)$

Au même moment chaque employeur bénéficiera de l'opportunité de recruter sans coût supplémentaire jusqu'à 10 % de l'effectif existant pour éviter de réduire dans l'économie la valeur du montant distribué en termes de salaires. Cependant, ceux qui ne souhaiteraient pas recruter devront reverser le reliquat des 10% de la masse salariale non payé en salaire dans une caisse créée à cet effet et qui est destinée à accompagner la croissance de l'emploi.

Le suivi de la mise en œuvre de la mesure est assuré par des acteurs désignés et reconnus.

Le montant total des salaires s'écrit dans l'économie :

Salaires = *Effectif* *(1 + 10%)* *Salaire moyen* * *Euro*/(1+ 10%)

Les avantages de la mesure, outre la simplicité de sa mise en œuvre et son respect des acquis sociaux, sont innombrables comme nous l'avons déjà établi.

Pour des raisons pédagogiques, certains de ces avantages sont repris ici, entre autres :

- La mesure ne nécessite pas de nouvelles ressources à mobiliser ;

- Les résultats attendus sont clairs, simples à vérifier, immédiatement atteignables ;

- La mesure allège la situation de l'endettement dans une économie qui devient plus productive, plus compétitive et performante donc plus apte à supporter le niveau d'endettement ;

- La distribution de salaires convenables pour les anciens chômeurs et pour un travail non précaire est en même temps une aubaine pour les caisses de solidarité désormais allégées des fardeaux des charges sociales. Par conséquent, ces caisses vont connaître des situations en amélioration inespérée ;

- Les entreprises vont gagner des parts de marché intérieur et extérieur ;

- Les embellies engrangées vont créer de nouvelles opportunités de recrutement en améliorant le climat de confiance dans le monde des affaires ;

- Les réactions vertueuses autoentretenues de l'économie peuvent donner des résultats encore meilleurs que ceux qui sont ici répertoriés à titre pédagogique ;

- Le plein emploi, un terme anciennement utilisé qui pourrait signer son retour en force et dans la réalité : en effet, dans l'Union des 19 pays en Europe, avec un taux de chômage de 10,7% en octobre 2015 pour une population au chômage de 17,24 millions, soit 143, 88 millions de personnes en activité, une baisse du numéraire de 10% assortie d'une mise en activité de 10% de la population occupée, soit 14,38 millions ferait baisser le chômage à 2,86 millions de personnes. Ce qui signifie que certains des pays de l'Union devront non seulement connaître le plein emploi mais en plus demander de la main d'œuvre supplémentaire dans d'autres pays de l'Union ;

- La paix dans le monde : en effet, la peur du lendemain est très souvent la cause de ces guerres préventives formulées sous les conseils inavoués de ces économistes empiriques qui, à défaut de montrer une voie facile de sortie de crise, promettent l'accès aux richesses lointaines qui pourraient être gagnées facilement après une guerre montée de toutes pièces.

- Pensant à tort qu'à long terme nous serons tous morts et que leurs mensonges ne seront pas découverts, ils se croient à l'abri du devoir de rendre compte.

Il nous apparaît opportun de bien chercher à comprendre cette politique novatrice, qui nous semble plus appropriée que les politiques traditionnelles en matière de lutte contre le chômage.

En effet, contrairement à ces politiques, la présente approche dépasse le cadre conflictuel entre employeurs et salariés. C'est ainsi qu'il considère deux pans dans l'économie : le premier qui représente les charges générées par le système économique dans son ensemble et le second, les ressources disponibles dans l'économie sur lesquelles pèsent les charges.

L'objectif recherché à travers cette politique est de transférer une partie des charges du premier pan vers le second. A cet effet, ces charges seront redistribuées à des chômeurs qui seront ainsi impliqués dans la production de ressources supplémentaires dans l'économie.

La croissance qui se déclenche à travers cette mesure permettra facilement à l'économie de faire face aux charges. Les avantages d'une telle mesure, outre sa simplicité, pour avoir été suffisamment présentés, ne sont pas repris ici.

En comparaison avec le cadre de l'économie traditionnelle, le premier pan porte sur tous les engagements pris dans la collectivité dans son ensemble à travers les dispositions légales et règlementaires décidées pour protéger la société, notamment les salariés et leurs familles qui sont individuellement trop faibles face aux employeurs.

Aujourd'hui, il n'est pas souhaitable de remettre en cause, en France comme dans les pays développés, les acquis sociaux tels que les assurances sociales, les congés payés, les retraites, les revenus de remplacement et les services sociaux gratuits.

Cependant, il est indéniable qu'au fil du temps, ces dépenses sociales se sont trouvées de plus en plus élevées et même néfastes à la marche de la société. Les Etats, pour avoir été jugés providentiels, sont souvent accusés de conduire les économies à la crise et à la stagnation pendant que les salariés sont rejetés hors de la production. En fin de compte, un dispositif qui était destiné à protéger les salariés n'est plus conforme aux intérêts ni de ceux-ci ni des autres catégories de la société.

La solution classiquement préconisée pour faire face à cette situation a été immédiatement toute trouvée à travers le démantèlement de la protection sociale, l'Etat minimaliste, le marché libre et la sélection naturelle des plus forts. Cependant, cette solution ne repose malheureusement sur aucune preuve concrète sauf la promesse de résultats hypothétiques attendus de la fragilisation certaine de la situation des salariés et de leurs familles.

La présente proposition, qui ne remet nullement en cause la réalité de l'alourdissement des charges nécessaires à la société, s'écarte de cette solution qu'elle trouve trop mécanique et insuffisamment justifiée.

C'est pourquoi, après avoir établi que les Etats n'ont pas mis en place un mécanisme permettant de corriger globalement le niveau des charges devenu excessif afin de le ramener à un niveau supportable par la collectivité dans le respect de ses propres engagements, nous avons élaboré la proposition novatrice qui trouve tout son sens d'instrument démocratique utilisé pour la création massive de l'emploi, un instrument efficace, inspiré de l'arme monétaire utilisée par le Roi pour confisquer les revenus de ses sujets et réduire les salaires.

La pertinence de cette proposition est facilement vérifiable à plusieurs titres à travers l'examen de la situation des principales parties prenantes que sont par exemple les salariés et les employeurs.

En ce qui concerne les salariés, la responsabilité de la dégradation de la situation économique et sociale ne saurait leur être exclusivement imputable et ne saurait justifier leur précarisation exclusive. En effet, les salariés ne constituent pas les seuls bénéficiaires du système de protection, ils ne représentent pas non plus que des charges pour la collectivité au sein de laquelle ils assument des responsabilités sociales dont le reste de la société bénéficie, notamment, en ce qui concerne l'éducation des familles ou la formation adéquate des travailleurs pour l'activité économique. En outre, par leur revenu, ils constituent le moteur de la demande sur le marché pour faire gagner des ressources aux employeurs.

La mesure préconisée, en rendant disponible pour l'entreprise une main d'œuvre sans coût supplémentaire, aura permis aux ménages d'apporter leur contribution à la résolution des problèmes de chômage. Il serait plus équitable que tous les acteurs impliqués puissent apporter leur contribution de manière appropriée dans la recherche de solution.

C'est ainsi qu'il est attendu des entreprises une augmentation d'effectif, sur la base d'une hypothèse de 10% des effectifs en activité, sans augmentation de coût salarial. Cependant, un examen attentif de la situation de l'entreprise montre que tous les employeurs ne sont pas nécessairement placés devant la même nécessité d'augmentation d'effectif même sans coût supplémentaire.

Parmi eux, ceux qui ont besoin de recruter pourraient le faire jusqu'à concurrence de 10% de l'effectif sans coût supplémentaire. En revanche, ceux qui ne souhaiteraient pas recruter jusqu'à 10% de leur effectif devront reverser le reliquat des 10% de la masse salariale non utilisée dans les nouveaux recrutements. Le reversement sera effectué dans une caisse créée à cet effet en vue d'accompagner la croissance de l'emploi.

Par conséquent, la mesure est avantageuse à l'entreprise si celle-ci veut augmenter sa production en recevant une main d'œuvre supplémentaire gratuite. Dans le cas contraire, elle devra reverser le reliquat à la caisse nouvellement créée. Il est donc nécessaire, pour que l'entreprise bénéficie de la mesure, qu'elle se trouve dans une dynamique d'expansion de sa production une fois que la contrainte de l'emploi aura été un tant soit peu desserrée.

Il ne s'agit pas de donner de l'argent à des agents au chômage pour qu'ils consomment sans travailler, mais plutôt de mettre gratuitement des ressources humaines supplémentaires qualifiées à la disposition de l'entreprise pour que celle-ci les fasse produire.

La nature des arbitrages dans le cadre des négociations aura donc fondamentalement changé, l'entreprise ne cherchant plus à se débarrasser de ses employés au moyen de mesures sociales coûteuses, mais accueillant de nouveaux travailleurs sans coût supplémentaire pour les amener à produire ce qu'elle veut bien produire. La contribution de l'entreprise sera donc fonction de sa capacité à étendre sa production en recevant gratuitement le bonus de l'emploi, ce qui correspond aussi à sa vocation principale.

Par conséquent, une mise en œuvre efficace de la mesure traduit une solution toute simple qui consisterait à demander aux citoyens d'accepter de produire sans coût salarial supplémentaire pour leur collectivité, afin de contribuer à la correction des inefficiences créées par un système de protection qui se serait finalement révélé trop généreux et insupportable pour l'économie.

Le moyen indiqué pour atteindre cet objectif est donc de répartir toutes les charges entre les acteurs salariés et ceux qui sont hors de la production. En retour, les nouveaux entrants dans le système de production apporteront, sans coût supplémentaire, leur contribution à la production de richesse de la collectivité.

En conclusion, il nous revient que cette solution proposée par L'Economie Scientifique est en réalité une solution simple, logique et pleine de bons sens.

CONCLUSION GÉNÉRALE

L'Economie Scientifique désigne la discipline scientifique qui étudie la valeur des biens et services au cours des échanges libres et volontaires au sein d'une collectivité humaine donnée.

Elle repose sur une méthodologie spécifique tout en partageant les apports pertinents procurés par les autres sciences. Cette méthodologie respecte l'esprit de la démarche scientifique moderne, fait de réalisme et de rationalisme.[59]

L'Economie Scientifique n'est pas une discipline fermée, car elle intègre et capitalise tous les apports fondamentaux identifiables auprès de nos devanciers pour aider l'homme à résoudre des problèmes précis de subsistance.

De plus, il faut s'attendre à ce que très rapidement des questions insoupçonnées soient posées pour ensuite trouver au sein de cette discipline des réponses adéquates afin de permettre d'améliorer les présentes contributions et de provoquer une adhésion rapide et massive à une démarche dont les résultats sont visibles et sans dogmatisme.

Cette discipline de l'Economie Scientifique a pour but de renforcer la valeur des biens et services qu'elle fait protéger par la loi tout en supportant les charges qui pèsent sur le déroulement et le développement des activités économiques.

Il apparaît donc, dans cette discipline, que l'action de l'homme, en tant qu'agent économique, reste fondamentalement dynamique et se situe résolument dans un mouvement perpétuel. Il importe donc d'avoir à l'esprit cet aspect dynamique aussi bien dans la formulation des questions que dans leur analyse.

C'est ainsi que le mouvement d'ensemble de l'économie apparaît comme la résultante de deux valeurs agissant dans deux directions opposées : l'une, positive qui pousse l'économie vers l'avant, et l'autre, négative, nécessaire pour produire le mouvement vers l'avant mais qui peut, par l'augmentation du niveau des charges, créer une crise aux conséquences sociales néfastes en gênant considérablement l'emploi et le

[59] Voir Gaston BACHELARD, *« le Nouvel esprit scientifique »*, PUF, 1978

mouvement vers l'avant qu'elle peut même menacer d'interruption.

C'est pourquoi, de par la Loi protégeant la société, l'Economie Scientifique, au moyen d'instruments politiques novateurs, est capable de corriger les dysfonctionnements par la mise en œuvre d'une politique de création massive d'emplois assortie de la soutenabilité accrue de la situation des charges et dans le respect des acquis sociaux fondamentaux.

Cette politique novatrice présente des vertus inespérées comparativement aux approches classiques, à savoir, entre autres : des vertus d'efficacité, de simplicité de sa mise en œuvre, d'impact massif, immédiat et mesurable. De plus, cette politique ne demande, pour sa mise en œuvre, aucune ressource nouvelle à mobiliser et ne nécessite aucun coût en dehors du coût relatif à l'élaboration et à l'adoption d'un texte administratif et législatif dans un délai adéquat.

En termes d'apport, la présente contribution aura permis de mieux faire comprendre la technique utilisée au Moyen Age par le Roi pour confisquer les ressources monétaires de la population et pour faire financer ses guerres par cette même population. Il utilisait, pour ce faire, une technique fondée sur la manipulation du lien entre l'étalon et le numéraire dans le sens de l'affaiblissement de cet instrument monétaire.

Dans l'économie moderne contemporaine, compte tenu de la menace que constitue le chômage pour la démocratie, la présente contribution permet de mettre en place une politique efficace, à l'image de celle utilisée par le Roi, pour lutter contre cette menace, en faisant financer par la population la création massive de l'emploi, sans nécessiter la mobilisation de ressources financières nouvelles et tout en ramenant l'endettement global à un niveau compatible avec le développement harmonieux de l'économie. Cette politique repose sur la création d'un numéraire pour la population et par la représentation nationale.

C'est pourquoi nous pensons que L'Economie Scientifique, remède contre le chômage de masse, place en réalité L'Humain au Centre de l'économie.

Enfin, cette politique de création massive de l'emploi est donnée juste à titre illustratif tant les retombées favorables de cette discipline de l'Economie Scientifique sont immenses dès lors qu'elle aura été acceptée pour avoir droit de cité. Puissent les présents travaux contribuer à alléger, à travers le monde, les souffrances infligées à l'Homme par l'homme, autant par ignorance que par cupidité.

Une de ces formes d'ignorance est justement de penser qu'il faut libérer l'économie et le travail, surtout lorsque cela signifie au plan interne, qu'il faudrait provoquer le maximum de chômage et de précarité de l'emploi en démantelant tous les acquis sociaux afin de sauver l'économie.

De quoi faudrait-il donc libérer cette économie ?

Lorsque l'homme, dans son milieu propre se trouve soumis à de telles maltraitances, il ne peut guère s'attendre à obtenir mieux en cherchant à aller ailleurs. C'est alors que des barrières sont érigées pour freiner l'Homme parcourant la Terre juste pour sauver sa vie, et que les océans sont transformés en cimetières pour migrants cherchant chacun juste à travailler pour manger et faire manger honnêtement les siens.

L'économie empirique se serait-elle ainsi libérée de toutes les valeurs d'entraide, de compassion, de solidarité et de fraternité entre les hommes ?

Et cette Terre ? Pourquoi a-t-elle donc été faite assez large et bien étendue ? Et pourquoi ces océans avec ces grands vaisseaux si ce n'est que pour transporter les hommes et pour apporter des choses utiles partout aux hommes ?

Non, il ne s'agit pas de libérer l'économie, mais plutôt de libérer les économistes de leur empirisme qui aura provoqué des dommages incommensurables dans leurs pays d'origine et pires encore, loin des frontières de ces pays.

Lorsque vous détruisez la case de votre voisin pour construire la vôtre, intentionnellement ou malencontreusement, vous ne pourrez jamais vous sentir en sécurité en le voyant arriver chez vous, même s'il nourrit pour vous les meilleurs sentiments.

En revanche, si vous aidez à construire chez le voisin, et que par la suite vous le voyez venir chez vous, vous serez le premier flatté de le recevoir et fier de le présenter aux vôtres. Il sera accueilli par vos soins, les bras et cœur ouverts.

Aujourd'hui, avec L'Economie Scientifique, l'Homme est le remède aux maux créés par l'homme.

Combattons ensemble nos propres préjugés, pour libérer les mouvements des Hommes dans les pays et sur les océans car l'Humain est au centre de l'économie.

C'est par lui que tous les changements favorables sont possibles dans la collectivité. Il est au centre de L'Economie Scientifique, et il n'y aurait de richesse que d'hommes, depuis 1577[60].

Je voudrais exprimer mon amitié et ma reconnaissance pour l'un de mes relecteurs, un Chercheur confirmé dans le domaine de l'Economie-mathématique, un ami depuis le lycée et qui l'est resté depuis, ma gratitude pour l'accompagnement technique de deux de mes anciens collaborateurs et mes sentiments de satisfaction pour l'accompagnement de ma famille dont certains ont passé plusieurs nuits à la recherche de solutions techniques liées à la présentation finale du travail.

Pour terminer, j'exprime mon immense devoir de reconnaissance à notre Seigneur, notre Maître, le Détenteur de la Connaissance Absolue, Lui qui m'a guidé, protégé, inspiré, soutenu et secouru ma famille dans des moments qui lui ont été rendus difficiles et par la Grâce duquel j'ai pu conduire à son terme l'écriture du présent ouvrage avec comme seule ferme intention de servir l'Homme pour son Amour et son Agrément. Cependant, les erreurs et imperfections qui y sont contenues ne sont imputables qu'à l'auteur et pour lesquelles j'implore Son pardon. Puisse son Appui se poursuivre encore afin que cet ouvrage puisse servir et être utile à l'Homme, où qu'il se trouve.

[60] Jean BODIN, 1577, « Il n'y a de richesse que d'hommes ».

RÉFÉRENCES BIBLIOGRAPHIQUES

PUBLICATIONS DE L'AUTEUR

KEITA L., *Monnaie et modélisation de l'offre agricole au Mali*, Thèse de Doctorat, Université Paris VIII, 1997.

KEITA L.. *La Théorie économique du XXI ème siècle – Le Concept de mesure en Economie* », L'Harmattan, 2002.

KEITA L., *Le fondement de la croissance et de la dynamique en économie, L'Harmattan, 2003.*

ARTICLES DANS LES JOURNAUX EN AFRIQUE

Lamine KEITA, « Zone Franc : Et si la dévaluation n'était pas inévitable », *Sud Quotidien*, N°210 du 10/12/1993, pages 1, 4 et 5, Dakar, Sénégal.

Lamine KEITA, « Les Experts se sont trompés de cible », *Sud Quotidien,* N°254, du 5/2/1994, pages 1 et 4, Dakar, Sénégal.

Lamine KEITA, « Résultats de la dévaluation : prévisions et constats », *WAL-Fadjiri –L'AURORE,* N°1017 du 4/8/1995, page 7, Dakar, Sénégal.

Lamine KEITA, « Influence monétaire : Le Dollar, le Franc Français et la dévaluation du FCFA », *WAL-Fadjiri – L'AURORE*, N°1032 du 25/8/1995, page 7, Dakar, Sénégal.

Lamine KEITA, « Politiques monétaires : Théories et pratiques en Zone Franc », *WAL-Fadjiri –L'AURORE,* N°1077 du 17/10/1995, page 7, Dakar, Sénégal.

Lamine KEITA, « Politiques monétaires : Les Effets multiformes de la dévaluation », *WAL-Fadjiri –L'AURORE,* N°1078 du 18/10/1995, page 7, Dakar, Sénégal.

Lamine KEITA, « Politiques monétaires : Les agneaux du sacrifice de la dévaluation », *WAL-Fadjiri –L'AURORE,* N°1079 du 19/10/1995, page 7, Dakar, Sénégal.

Lamine KEITA, « Examen de quelques statistiques douze mois après les mesures dites de dévaluation du FCFA », *La GRIFFE*, N° 50, page 6, du 2/2/1995 Bamako, Mali.

Lamine KEITA, « Si les Experts ont conseillé la dévaluation du FCFA, ils se sont trompés de cibles », *La GRIFFE*, N°53, du 22/02/1995, page 6 ; Bamako, MALI.

Lamine KEITA et autres : « Etude sur la parité de pouvoir d'achat dans les 8 pays de l'UEMOA » aout 2005; *ARTEMIS*, Luxembourg.

Lamine KEITA, plusieurs contributions dans l'élaboration chez le Vérificateur Général du Mali : (2006-2014) des rapports de Vérification financière des entités publiques et des rapports de vérification de performance et analyse de politiques publiques des entités publiques.

RÉFÉRENCES

AFTALION Florin, PONCET Patrice, *Le Monétarisme*, Collection : *Que Sais-je ?* PUF, 1973.

AFTALION Florin, LOSQ Etienne, *Les Taux de Changes*, Collection : *Que sais-je* ? PUF, 1985.

AGLIETTA M., *L'Endettement de l'Emetteur de la Devise-Clé et la Contrainte Monétaire Internationale*, C.N.R.S, GRECO : Economie et Finances Internationales Quantitatives, Colloque endettement, Paris 3 et 4 juillet 1985, ENSAE, Malakoff.

ALLAIS Maurice, *Cours d'Economie Politique, Tome 1*, Ecole nationale Supérieure des Mines de Paris, 1959.

ALLAIS Maurice, *Les conditions monétaires d'une économie de marchés : des enseignements du passé et aux réformes de demain, Revue Economie Politique*, 103, (3), mai-Juin, 1993.

ALLEN R. G. D, *Mathematical Analysis for Economists*, London, 1938.

ALMON S., *The distributed Lag Between Capital Appropriation and Expenditures*, *Econometrica*, 33 (1965), 178-196.

ARROW K. J and. HAHN F. H, 1971, *General Competitive Analysis*, Holden-Day-Inc, San Francisco, Oliver and Boyd Edinburgh, 1971.

BACHELARD Gaston, *Le Nouvel Esprit scientifique*, PUF, 1978.

BALAT Alain, *Sens et Formes de l'Economie Monétaire*, Nouvelle Bibliothèque Scientifique Dirigée par Fernand Braudel, Flammarion, 1973.

M. BALCH, D. McFADDEN, S. WU, *Essays on Economic Behavior Under Uncertainty*, North-Holland Publishing Company-Amsterdam- Oxford- American Elsevier Publishing Company Inc-New-York, 1974.

BASSONI Marc and BEITONE Alain, *Monnaie- Théories et Politiques*, Sirey, 1994.

BAUDHUIN Fernand, *Principes d'Economie Contemporaine Tome II, La Circulation. La Monnaie, le Crédit, la Bourse, le Commerce, les Banques*, Bibliothèque Marabout,1966.

BEITONE A. et autres, *25 Livres clés de l'Economie. Analyse et Commentaires*, Marabout Belgique, 1995.

BEITONE A. et BASSONI M., *Problèmes monétaires internationaux* Armand Colin, Paris 1994.

BERGER Pierre, *La monnaie et ses Mécanisme,* Collection : *Que sais-je ?* PUF, 1973.

BREMOND J., *Les Economistes Néo- classique,* Hatier, 1989.

BOURGUIGNON F., *Rationalité individuelle ou rationalité stratégique : le cas de l'offre familiale de travail*, *Revue Economique,* 35, pp. 147-62, 1984.

BOURGUIGNON F., G. W.H. BRANSON et. De MELO J., *"Macroeconomic Adjustment and Income Distribution : A macro-micro Simulation Model"*, OECD Development Centre, Paris, Technical Paper # 1, 1989.

BOURGUINAT Henri, *Marché des Changes et Crises des Monnaies*, Calmann Lévy, 1972.

BRUNEAU Catherine, *Notes de cours en Econométrie des Finances*, l'ENSAE, Paris, FRANCE", 1990-1991.

BUSINO G., *Les Théories de la Bureaucratie*, Collection : *Que sais-je* ?, Presses Universitaires de France, juillet1993.

CHAMPSAUR P., *Exercices de Microéconomie niveau avancé*, Dunod, Paris, 1971.

CHRISTENSEN L.R., and. JORGENSON D.W., *The Measurement of US Real Capital input, 1929-1967*, *Review of Income and Wealth* 15, 293-320, 1969

CHRISTENSEN L.R, and. JORGENSON D.W., 1970, *US Real Product and Real Factor Input, 1929-1967*, *Review of Income and Wealth,* 16, 19-50.

CHRISTENSEN L. R.., D.W. JORGENSON, and L. J. LAU, *Transcendental Logarithm Utility Functions*, *American Economic Review*, june (1975), 65, 367-83.

CHRISTENSEN L.R., *Estimating US Consumer Preference of meat with a flexible Utility Function*, *Journal of Econometrics* 5, 1977, 37-53.

COULIBALY Massa, *Pourquoi 5 = 1 ?* in *Cahier du CERES* N° 1 Vol 1 octobre-décembre 1997, Bamako.

DAVIDSON, J.E.H., HENDRY, D.F., SRBA, F., and YEO, S., *Econometric Modelling of The Aggregate Times-Series Relationship Between Consumers Expenditures and Income in The United Kingdom*, *The Economic Journal*, 88(1978), 661-691.

DEATON A. S., T*he Analysis of Consumer Demand in the United Kingdom, 1900-1970*, *Econometrica*, mars 1974, 42, 351-67.

DEATON A. S., A *Reconsideration of the Empirical Implications of Additive Preferences*, *Economic Journal*, june 1974,84, 338-48.

DEATON A. S., and J. MUELLEBAUER : *An Almost Ideal Demand System*, *American Economic Review*, 70 (1980), 312-326.

DEBREU G., *The Theory of Value, New-York*, Wiley, 1959.

DEBREU G., *New Concepts and Techniques for Equilibrium Analysis, International Economic Review*, 3 (1962), 257-273.

DELAGE Alain, et MASSIERA Alain, *Le Franc CFA. Bilan et Perspectives*, L'Harmattan, 1994.

DERCOM Stefan, *Peasant Supply Response and Macroeconomic Policies*, *Journal of African Economics*, Vol 2, N°2, 1993.

DESAI M. J., *An Econometric Model of the Coffee Economy, 1951-1965*, (mimeo).

DIARRAH C. O., *Mali : Bilan d'une Gestion Désastreuse*, L'Harmattan, Paris, 1990.

DIEWERT W.E., *An Application of the Shephard Duality Theorem:A Generalized Leontief Production Function*, *Journal of Political Economy,* 79 (1971), 481-507.

DIEWERT W.E., *Exact and Super relative index numbers*, *Journal of Econometrics*, 4, 1976; 115-145.

DIEWERT W. E., *Functional Form for Profit and Transformation Functions*, *Journal of Economic Theory*, 6, (1973), 284-316.

DIEWERT W. E., (a), *Functional Form for Revenue and Factor Requirement Functions*, *International Economic Review* 15, 119- 130, 1974.

DIEWERT,W.E., (b), *Applications of Duality Theory*, in: M.D. Intriligator and D.A. KENDRICK, eds, *Frontiers of Quantitative Economics,* Vol II, (North-Holland, Amsterdam), 106-171, 1974.

DIOP C. A., *L'Afrique Noire Pré-coloniale*, Présence Africaine, Paris, 1987.

DUHAMEL O., *Les Démocraties, Régimes, Histoire, Exigence*, Seuil, Paris, 1993.

ENGLE R. F., GRANGER C. W., (a), *Co-Integration and Error Correction : Representation, Estimation and Testing*, *Econometrica,* vol 55, No. 2, p. 251-276, (1987).

ENGLE R. F., YOO B.S., (b), *Forecasting an Testing in Co-Integrated Systems*, *Journal of Econometrics*, vol. 35, No 1, p. 143-159, (1987).

ENGLE R. F., *Autoregressive Conditional Heterocedasticity with Estimates of the Variance of United Kingdom Inflation, Econometrica,* Vol 50, N°4, july, 1982.

F. A. O : *L'Agriculture africaine, les 25 prochaines années*, Rome, 1986.

FRIEDRICH Hayek, *Philosophie. Economie. et Politique*, Economica, 1989.

FUSS M. and. McFADDEN D,L., *Production Economics : A dual Approach To Theory and Application*, North Holland: Volume 1

FUSS M. and McFADDEN D.L., *Production Economics : A dual Approach To Theory and Application*, North Holland: Volume 2.

FUSS M., *The demand for Energy in Canadian Manufacturing*, *Journal of Econometrics* 5 (77), 89-116.

FOURNIERE Xavier (de la) *La Zone Franc* Collection : *Que sais-je ?* PUF, 1971.

FRANKEL J.A., *Monetary and Portefolio-balance models of Exchange Rate Determination,* in J. S. BHANDARI, B. H. PUTNAM eds, Economic Interdependance and Flexible Exchange Rates, Cambridge, MIT Press, pp. 84-115, 1983.

HOTELLING H., (1935), *Demand Functions with Limited Budgets*, *Econometrica*, 3, 66-78.

FRIEDMAN Milton, *Inflations et Systèmes Monétaires*, Calmann Lévy, 1976.

FRIEDMAN Milton, *La monnaie et ses Pièges*, Dunod, 1992.

International Monetary Fund, *Balance of Payments Statistics*, Vol 33, Yearbook, Part2, 1982.

International Monetary Fund, *Balance of Payments Statistics*, Vol 41, Yearbook, Part2, 1990.

JACCOUDS Gilles, *La monnaie dans l'Economie*, Nathan, 1994.

KEYNES J. M., *Théorie Générale de l'Emploi de l'intérêt et de la Monnaie*, Petite Bibliothèque Payot, Paris, 1982.

KINDLEBERGER, C.P, *Les Lois Economiques et l'Histoire*, Economica, 1992.

MALINVAUD, E., *Leçons de Théorie Microéconomique*, Dunod, Paris, 1968.

MALTHUS Thomas-Robert, *Principe d'Economie Politique*, Calmann-Lévy, 1969.

MISES, L. Von, *L'Action humaine*, PUF, Paris, 1949

MONDELLO Gérard, *Note sur un modèle dynamique de rationnement du crédit*, *Revue Economique*, Vol 41, N°1, 119-133. 1990.

MORACE, CH., *Les Bourgeois conquérants*, Armand Colin, 1985.

MOUNIER, A., *Critique de l'économie politique du développement et de la croissance, Théories, idéologies et politiques, BREAL, 2016.*

NIEHANS J., *The Theory of Money*, The Johns Hopkins University Press, 1978.

QUESNAY François, *Tableau Economique des Physiocrates*, Calmann-Lévy, 1969.

RENAULT Eric, *Notes du cours d'Econométrie de la Finance à l'ENSAE*, Paris, France, 1989-1990.

RICARDO David, *Des Principes de l'Economie Politique et de l'Impôt*, Sciences Flammarion, 1971.

RICHARDOT H., *Histoire des Faits Economiques*, DALLOZ, 1963.

RUEFF Jacques, *Œuvres Complètes II, Théorie Monétaire*, Tome I, Plon, 1979.

SALIN Pascal, *Ma Vérité sur la Monnaie*, Editions Jacob, 1990.

SAMUELSON P.A., *Foundations of Economic Analysis*, Cambridge, Mass. Harvard University Press, 1947.

SAMUELSON P.A, *Lifetime Portfolio Selection by Dynamic Stockastic Programming*, *Review of Economics Statistics*, 1969.

SAMUELSON P.A., *International Trade and the Equalisation of Factor Prices*, *Economic Journal*, 58, 163-184, 1948.

SANDRETTO Réné, *Le Pouvoir et la Monnaie,* Economica,3eme Ed, 1993.

SAY Jean-Baptiste, *Traité d'Economie Politique,* 1803, Paris, Calmann Lévy, 5ème Edition, Préface G.TAPINOS.

SCHMIDT C., *La Sémantique Economique en Question*, Calmann Lévy, Paris, 1985.

SCHUMPETER J., *Histoire de l'Analyse Economique* , Tome I, Editions Gallimard, 1983.

SCHUMPETER J., *Histoire de l'Analyse Economique* , Tome II, Editions Gallimard, 1983.

SCHUMPETER J., *Histoire de l'Analyse Economique*, Tome III, Editions Gallimard, 1983.

SHEPHARD, R. W., *Application of Duality Theory : Comment.* In Frontiers of Quantitative Economics,vol.2. Contribution to Economic Analysis, Edited by Michael D. Intriligator and David A.Kendrick. Amterdam : North-Holland, 1974.

SILBERBERG E., *The Structure of Economics: A Mathematical Analysis*, New-York, Mc Graw-Hill, 1978.

SRAFFA P., *Production des Marchandises par des Marchandises*, Dunod, Paris, 1970.

THOMAS Jean-Gabriel, *Inflation et Nouvel ordre monétaire,* PUF, Paris, 1977.

TOBIN J., *Liquidity Preference as Behavior Toward Risk*, *Review of Economic Studies*, 1958.

TOBIN J., *The theory of Portfolio Selection*, *in The Theory of Interest Rates,* Hahn, F.H. and BRECHLINE, F.P. (eds) Mac Millan, 1965.

TOBIN J., *A General Equilibrium Approach to Monetary Theory*, *Journal of Money Credit and Banking*, 1969.

TURGOT Anne-Robert, *Ecrits Economiques*, Calmann-Lévy, 1970.

TRIFFIN R., *L'or et la Crise du Dollar*, PUF, 1962.

VALLEE O., *Le prix de l'Argent CFA, Heurs et Malheurs de la Zone Franc*, Khartala, 1989.

VARIAN Hal R., *Microeconomic Analysis*, Third Edition, Norton, 1992.

WALRAS A., *Richesse, Liberté et Société Tome I*, Economica, Paris.

WALRAS L., *Eléments d'Economie Politique Pure*, Economica, Paris.

WICKSELL K., *Interest and Prices*, traduit de l'allemand à l'anglais par R.F. KAHN, McKELLEY Publishers, New-York, 1965.

WILLINGER Marc, *La Rénovation des Fondements de l'utilité et du risque*, *Revue Economique*, Vol 41, N°1, Janvier 1990.

WORLD BANK, *Toward Sustained Development in Sub-Saharan Africa : A Joint Programm of Action*, Washington DC : World Bank 1984.

WORLD BANK, *Financing Ajustment with Growth in Sub-Saharan 1986-90*, Washington DC : World Bank, 1986.

WORLD BANK, *World Debt Tables*, Edition 1985-86, 1982.

YAARI Menahem E., *Uncertain Lifetime, Life Insurance and The Theory of The Consumer*, *Review of Economic Studies*, 32, April 1965, pp. 137-150.

TABLE DES MATIÈRES

Gestions et Management aux éditions L'Harmattan

Dernières parutions

POLITIQUE ET ÉCONOMIE
10 mesures phares pour un monde meilleur
Marquez-Velasco Adrien
Dans ce livre est proposé un système économique d'une nouvelle ampleur qui s'intitule le «coordonnisme». Il s'agit d'un régime réunissant les qualités du capitalisme et du communisme. Il présente comme mesures la coordination des politiques monétaires, budgétaires et financières afin de réguler les consommations intérieures et extérieures, l'épargne, l'investissement, l'inflation et le chômage vers un taux optimal de croissance économique.
(Coll. L'Esprit Économique, série Krisis, 20.00 euros, 194 p.)
ISBN : 978-2-343-07529-7, ISBN EBOOK : 978-2-336-39887-7

AUX FRONTIÈRES DU MANAGEMENT
Manifeste pour un temps d'exigence
Massé Francis
Le management est l'une des clefs pour faire advenir une société meilleure, forte d'organisations efficaces. À cet égard, la notion de frontière fait sens. Le management s'inscrit dans une réalité, sinon il n'est rien. Le management traverse aussi des découpages disciplinaires multiples qu'il doit relier : il est frontière. Il constitue enfin un levier pour transgresser des limites artificielles et élargir le champ des possibles, où règnent l'imagination créatrice et l'innovation.
(Coll. Local et Global, 14.00 euros, 122 p.)
ISBN : 978-2-343-07517-4, ISBN EBOOK : 978-2-336-39760-3

LA LUTTE DES NORMES AU TRAVAIL
Faulkner Marcel - Préface de Jean-Pierre Durand
Aborder l'analyse du travail et de l'organisation sous l'angle de la normalisation permet d'atteindre deux objectifs. Comprendre que l'organisation est traversée par une lutte des normes dont les formes sont multiples et qui vont de la collaboration à la confrontation. Constater que cette lutte ne se limite pas au seul domaine des opérations courantes des organisations, mais qu'elle concerne aussi les choix stratégiques et les grands enjeux du travail et de l'emploi.
(Coll. Logiques sociales, 29.50 euros, 286 p.)
ISBN : 978-2-343-07381-1, ISBN EBOOK : 978-2-336-39859-4

GOUVERNANCE ET INTELLIGENCE ÉCONOMIQUE EN PME
Sous la direction de Daniel Corfmat, Marc Chambault et Georges Nurdin
L'intelligence économique est devenue un mode de gestion et de gouvernance de l'entreprise. Cet ouvrage réfléchit sur la démarche que le chef d'entreprise peut entreprendre pour éclairer ses décisions, garder sa marge de manœuvre de compétitivité et toutes ses possibilités de développement afin de sécuriser sa pérennité. Vous trouverez des recommandations pratiques qui tentent d'aider le dirigeant à aborder ce qui est devenu un enjeu majeur de la protection de son capital.
(Coll. Gouvernance et entreprise, 11.00 euros, 70 p.)
ISBN : 978-2-343-06861-9, ISBN EBOOK : 978-2-336-39734-4

LA POSTE, QUELLE AVENTURE !
L'informatisation du tri postal et autres chantiers hauts en couleur
Lenoir Olivier - Préface de Laurent Chaffard
Ce récit de quarante ans de carrière «aux PTT» parle du plaisir de créer, mais aussi des pesanteurs hiérarchiques et des souffrances du harcèlement moral. Il parle d'un avenir où les valeurs de coopération, d'entraide, de solidarité pourraient remplacer la course au profit, la concurrence illusoirement «libre» et le chacun pour soi. Le management et l'innovation, l'évolution de l'informatique et du service public sont des thèmes qui s'entrecroisent dans ce témoignage optimiste.
(17.50 euros, 164 p.)
ISBN : 978-2-343-07666-9, ISBN EBOOK : 978-2-336-39881-5

INTELLIGENCE DE L'INFORMATION
Entre état d'esprit et stratégie d'organisation
Mallowan Monica
En plus de contribuer à l'avancement des connaissances en matière de modèles traitant de management de l'information stratégique et des pratiques informationnelles, reliées à leur application en organisation, cet ouvrage aborde les champs de la littératie, de la culture et de l'intelligence de l'information. Une proposition est faite au sujet de leur mise en relation dialogique et systémique, dans un effort de construction d'une double mutation transdisciplinaire, celle du nouveau statut d'informateur et du concept de transculture de l'information.
(Coll. Intelligence économique, 36.00 euros, 354 p.)
ISBN : 978-2-343-06623-3, ISBN EBOOK : 978-2-336-39756-6

FISCALITÉ ENVIRONNEMENTALE
Entre impératifs fiscaux et objectifs environnementaux, une approche conceptuelle de la fiscalité environnementale
Caruana Nicolas - Préface de Thierry Lambert
La fiscalité environnementale intéresse relativement peu les juristes et représente en pratique une part très faible des recettes fiscales des États. Souvent limitée aux écotaxes, cette notion que cette thèse se propose de définir présente de multiples dimensions, tant fiscales qu'économiques, tant politiques qu'écologiques. Caractérisée par son efficience environnementale, elle n'a en réalité ni le champ d'application ni la portée que lui prête le discours politique.
(Coll. Finances publiques, 43.00 euros, 514 p.)
ISBN : 978-2-343-07550-1, ISBN EBOOK : 978-2-336-39716-0

LA MAGIE DES JUSTES PROPORTIONS
Restructuration financière d'un LBO avec apport de new money
Journo Albert
Comment opérer la restructuration financière du capital d'une entreprise de taille moyenne sous LBO (Leveraged Buy out) en période de turbulence opérationnelle ? Plusieurs scenarii sont imaginés selon l'évolution de la perception du pronostic de rétablissement. Un cas réel vient étalonner les raisonnements variés déterminant les nombreux paramètres suivant de justes proportions et des désirs, emportant d'emblée l'adhésion de tous. Cet ouvrage donne un éclairage original sur un comment faire.
(Coll. Ad valorem, 25.00 euros, 238 p.)
ISBN : 978-2-343-07914-1, ISBN EBOOK : 978-2-336-39861-7

L'ÉCONOMIE A-T-ELLE UN SENS ?
Essai
Vadjoux Philippe
Le profit est-il légitime s'il ne tient pas compte des coûts sociaux et environnementaux ? L'économie n'est pas d'origine divine ou naturelle, elle dépend de nous, elle évolue. La recherche d'une nouvelle économie plus démocratique, plus créative, plus diversifiée au service des êtres humains et respectueuse de la planète n'est pas utopique. Elle existe au travers d'idées, de projets, d'expériences. Une mutation est possible.
(29.00 euros, 346 p.)
ISBN : 978-2-343-07479-5, ISBN EBOOK : 978-2-336-39587-6

L'ÉCOLOGIE AU SECOURS DE L'ÉCONOMIE
Inventer les outils d'une nouvelle prospérité
Coutouly Rodrigue
Comment expliquer notre difficulté à relancer l'économie ? Cet ouvrage explore une hypothèse originale : la reprise ne se fait pas car nous atteignons les limites de nos ressources naturelles. L'auteur travaille donc sur les différentes pistes possibles pour construire le développement durable d'une société et d'une économie qui retrouveraient leur cohérence. Les solutions devront s'appuyer sur des politiques publiques imaginatives, audacieuses autant que réalistes, particulièrement en matière de fiscalité et d'investissement.
(Coll. Sociologies et Environnement, 27.00 euros, 260 p.)
ISBN : 978-2-343-06652-3, ISBN EBOOK : 978-2-336-39638-5

L'ÉCONOMIE EN QUESTION
Regards et apports des spiritualités et des religions
Textes rassemblés par Jan-Luc Castel et Vincent Pilley
La vie économique est aujourd'hui bouleversée et altère même le lien social. Où puiser l'énergie de résister à ces dévastations ? Comment régénérer les liens humains dans la société ? Quelles ressources mobiliser pour «changer les règles du jeu» ? Juifs, bouddhistes, chrétiens, musulmans, athées, libres penseurs osent entrer en dialogue parce qu'ils croient en la possibilité d'un avenir commun.
(12.00 euros, 168 p.)
ISBN : 978-2-343-07824-3, ISBN EBOOK : 978-2-336-39689-7

LE CAPITALISME, CANCER DE L'HUMANITÉ

Une économie inhumaine et meurtrière, une société malade, la vie sur Terre en péril

Kornheiser Georges

En 2016, le patrimoine cumulé de 1 % de la population mondiale dépassera celui des 99 % restants, ce qui est sans précédent. Cette minorité possède tous les pouvoirs : économique, médiatique, politique, qu'ils soient étiquetés de droite ou de gauche, les partis de gouvernement sont tous convertis aux dogmes néolibéraux et pratiquent en fait la même politique une fois aux commandes. Le capitalisme est devenu fou. Un autre univers, plus juste et plus humain, est pourtant possible. Il n'est que temps de travailler à son avènement, avant que les dommages ne soient devenus irréversibles.

(Coll. Questions contemporaines, 39.00 euros, 436 p.)

ISBN : 978-2-343-07156-5, ISBN EBOOK : 978-2-336-39615-6

UNE ÉCONOMIE SOLIDAIRE PEUT-ELLE ÊTRE FÉMINISTE ?

Homo oeconomicus, mulier solidaria

Sous la direction de Christine Verschuur, Isabelle Guérin et Isabelle Hillenkamp

Comment expliquer le faible intérêt, dans la littérature sur l'économie sociale et solidaire, pour le genre et les théories féministes, alors que ces initiatives sont fortement genrées et que les femmes y sont surreprésentées ? À quelles conditions ces initiatives sont-elles une opportunité de réinvention de l'économie, réencastrée dans le social et le politique et au service de la justice sociale et de genre ? L'économie solidaire peut-elle constituer une source d'émancipation pour les femmes ou non ? (Articles en français, anglais, espagnol.)

(Coll. Genre et développement - Rencontres, 29.00 euros, 300 p.)

ISBN : 978-2-343-07602-7, ISBN EBOOK : 978-2-336-39514-2

CONVENTION COLLECTIVE NATIONALE DES ENTREPRISES DE SERVICES À LA PERSONNE ANNOTÉE

Dahan Alison, Granet Régis

La convention collective nationale des entreprises de services à la personne de septembre 2012, depuis son extension par arrêté du 3 avril 2014, a vocation à s'appliquer à toutes les entreprises privées relevant du secteur des services à la personne. Cet ouvrage accompagnera les entreprises, les salariés et praticiens dans l'application de la règlementation en vigueur grâce aux explications simples intégrées tout au long de l'ouvrage.

(Coll. Défis, 28.50 euros, 288 p.)

ISBN : 978-2-343-07910-3, ISBN EBOOK : 978-2-336-39684-2

L'HARMATTAN ITALIA
Via Degli Artisti 15; 10124 Torino
harmattan.italia@gmail.com

L'HARMATTAN HONGRIE
Könyvesbolt ; Kossuth L. u. 14-16
1053 Budapest

L'HARMATTAN KINSHASA
185, avenue Nyangwe
Commune de Lingwala
Kinshasa, R.D. Congo
(00243) 998697603 ou (00243) 999229662

L'HARMATTAN CONGO
67, av. E. P. Lumumba
Bât. – Congo Pharmacie (Bib. Nat.)
BP2874 Brazzaville
harmattan.congo@yahoo.fr

L'HARMATTAN GUINÉE
Almamya Rue KA 028, en face
du restaurant Le Cèdre
OKB agency BP 3470 Conakry
(00224) 657 20 85 08 / 664 28 91 96
harmattanguinee@yahoo.fr

L'HARMATTAN MALI
Rue 73, Porte 536, Niamakoro,
Cité Unicef, Bamako
Tél. 00 (223) 20205724 / +(223) 76378082
poudiougopaul@yahoo.fr
pp.harmattan@gmail.com

L'HARMATTAN CAMEROUN
BP 11486
Face à la SNI, immeuble Don Bosco
Yaoundé
(00237) 99 76 61 66
harmattancam@yahoo.fr

L'HARMATTAN CÔTE D'IVOIRE
Résidence Karl / cité des arts
Abidjan-Cocody 03 BP 1588 Abidjan 03
(00225) 05 77 87 31
etien_nda@yahoo.fr

L'HARMATTAN BURKINA
Penou Achille Some
Ouagadougou
(+226) 70 26 88 27

L'HARMATTAN SÉNÉGAL
10 VDN en face Mermoz, après le pont de Fann
BP 45034 Dakar Fann
33 825 98 58 / 33 860 9858
senharmattan@gmail.com / senlibraire@gmail.com
www.harmattansenegal.com

L'HARMATTAN BÉNIN
ISOR-BENIN
01 BP 359 COTONOU-RP
Quartier Gbèdjromèdé,
Rue Agbélenco, Lot 1247 I
Tél : 00 229 21 32 53 79
christian_dablaka123@yahoo.fr

Achevé d'imprimer par Corlet Numérique - 14110 Condé-sur-Noireau
N° d'Imprimeur : 130515 - Dépôt légal : juillet 2016 - *Imprimé en France*

www.ingramcontent.com/pod-product-compliance
Lightning Source LLC
LaVergne TN
LVHW021210061026
849535LV00008B/2660
* 9 7 8 2 3 4 3 0 9 4 0 4 5 *